Steffen Henssler

GRILL DEN HENSSLER

DAS FINALE
Die allerbesten Rezepte und
Backstage-Storys

STEFFEN HENSSLER

DAS FINALE
DIE ALLERBESTEN REZEPTE
UND BACKSTAGE-STORYS

Foodfotografie von
Jan-Peter Westermann

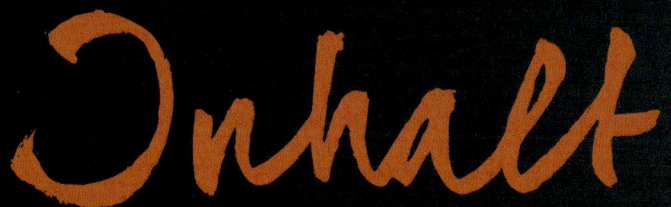

Inhalt

HENSSLERS Vorwort

Moin! Nach dem Erfolg und den tollen Resonanzen des ersten „Grill den Henssler"-Buches, habe ich mir gedacht, mache ich zum Abschluss dieser wunderbaren Sendung noch ein zweites Buch.

Natürlich geht es vorrangig um die leckeren Rezepte aus der Sendung, aber ich habe im Laufe der Zeit bei vielen Gesprächen bemerkt, dass auch ein großes Interesse daran besteht, was bei „Grill den Henssler" eigentlich alles hinter den Kulissen passiert. Deswegen gibt's für Euch neben den Rezepten echtes Insiderwissen!

Genau wie in der Sendung sind die Rezepte auf drei Personen ausgelegt, so dass Ihr zu Hause in Eurer Küche für Eure eigene Jury kochen könnt! Falls Calli vorbeikommt, die Menge einfach verdoppeln ;-)

Bei den Rezepten für die Impro-Gänge habe ich die ein oder andere Zutat weggelassen oder ausgetauscht, denn wie wir ja alle wissen: Da passt nicht immer alles so gut zusammen...

Last, but not least: Ich kann verstehen, dass der ein oder andere ein wenig enttäuscht ist, dass es „Grill den Henssler" nicht mehr gibt, aber ich finde, mit diesem Buch haben wir einen gelungenen Abschluss für die Sendung und die tolle Zeit gefunden.

Also, ab in die Küche, Kochschürze umbinden und auf das Kommando „Grill den Henssler" geht's los!

Ahoi

Auf geht's

Kurz erklärt!

Sweet-Chili-Sauce
Würzig-scharfe Sauce aus Thailand, die sich super zum Marinieren von Grillgut eignet.

Enoki- und Shiitake-Pilze
Enoki: zart und weiß mit langen Stielen und kleine Köpfen, wie Shiitake aus Asien.

Minze
Mit intensiv-frischem Aroma, passt zu orientalischen Gerichten.

Panko-Mehl
Paniermehl aus Japan auf der Basis von Weißbrot, etwas flockiger als bei uns.

Süßkartoffeln
stecken voller Gesundheit – mit Antioxidantien, Vitaminen und Mineralstoffen.

Ingwer
Würzige Zutaten aus der Asia-Küche, am besten schälen und frisch reiben.

Granatapfelkerne
muss man erst aus den Hälften der Frucht herauslösen, aber belohnen mit viel Aroma.

Koriander
schmeckt leicht pfeffrig und passt super zu Asia-Food.

Kaffir-Limettenblätter
gibt es frisch oder getrocknet, zum Mitgaren immer leicht einreißen.

Kreuzkümmel und Schwarzkümmel
Kümmelsorten aus dem vorderen Orient, verleihen Gerichten ein exotisches Aroma.

HENSSLERS
Impro-
Gerichte

Truthahnschnitzel

mit Kürbisrösti und Pomelo

1. Für die Rösti den Kürbis waschen und (mit den Kernen) grob raspeln. Die Petersilie waschen, trocken tupfen und fein hacken. Die Hälfte der Petersilie mit Eigelb, Salz, Pfeffer, Aprikosenkernmehl und 2 EL Mehl unter die Kürbisraspel mischen. Aus der Masse in einer Pfanne in reichlich Öl 3 Rösti knusprig ausbacken. Herausnehmen und auf Küchenpapier abtropfen lassen, warm halten.

2. Die Pomelo schälen und etwa 100 g in Würfel schneiden (Rest anderweitig verwenden). Die Pomelowürfel mit dem Zuckerrübensirup in einem Topf etwas einkochen lassen, vom Herd nehmen und beiseitestellen.

3. Für die Schnitzel zum Panieren etwas Mehl und Panko jeweils in tiefe Teller geben. Das Ei mit dem Eiweiß in einem weiteren tiefen Teller verquirlen. Die Truthahnbrust waschen und trocken tupfen, dann in 3 dünne Schnitzel schneiden (eventuell vom Metzger vorbereiten lassen) und jeweils etwas flach klopfen. Die Schnitzel nacheinander in Mehl, verquirlten Eiern und Panko wenden und in einer Pfanne in Öl ausbacken. Dabei am Ende 50 g Butter dazugeben, aufschäumen und nach Belieben über die Schnitzel schöpfen.

4. Auf Tellern Rösti und Schnitzel anrichten und mit etwas Butter aus der Schnitzelpfanne beträufeln. Das Pomelo-Ragout über die Schnitzel geben und mit frisch gemahlenem Pfeffer bestreuen. Zuletzt mit der übrigen Petersilie und nach Belieben mit dem Knallzucker garnieren.

Zutaten

Für 3 Personen
Zubereitungszeit
30 Minuten

Für die Rösti
1 Mini-Pattison-Kürbis
3–4 Stängel Petersilie
1 Eigelb
1 EL Aprikosenkernmehl (ersatzweise normales Mehl)

Für die Pomelo
⅓ Pomelo
2 EL Zuckerrübensirup

Für die Schnitzel
3 EL Panko-Mehl (aus dem Asia-Laden)
1 Ei, 1 Eiweiß
300 g Truthahnbrustfilet (ggf. vom Metzger schneiden lassen; ersatzweise 3 Putenschnitzel à ca. 100 g)
1 EL Knallzucker (nach Belieben)

Und sonst noch
Salz und Pfeffer, Mehl
Pflanzenöl, Butter

Für das Ragout
2 gegarte Hähnchen-
schenkel (mit Haut)
1 EL Minzeblätter
1 cm frische Chilischote
1 TL Hagebutten-
konfitüre
1 EL Sojasauce

Für die Nudeln
2 Stängel Koriander-
grün
2 EL eingelegte
Silberzwiebeln
150 g gegarte Nudeln
(z. B. Spiralnudeln)
1 EL Basilikumpesto
abgeriebene Schale
von ½ Bio-Zitrone

Und sonst noch
Pflanzenöl zum
Frittieren
Olivenöl
Salz und Pfeffer

Hähnchen-ragout

mit Pestonudeln

1. Für das Ragout reichlich Öl in einer Fritteuse oder einem großen Topf erhitzen. Die Hähnchenschenkel waschen und trocken tupfen. Die Haut der Hähnchenschenkel abziehen und beiseitelegen. Das Fleisch vom Knochen lösen. Die Hautstücke im Öl knusprig ausbacken, herausnehmen und auf Küchenpapier abtropfen lassen.

2. Die Minzeblätter waschen und trocken tupfen. Die Chili halbieren, ent-kernen, waschen und fein hacken. Das Hähnchenfleisch in einer Pfanne in etwas Olivenöl anbraten. Die Minze zum Hähnchenfleisch geben, dann Hagebutten-konfitüre, Sojasauce und gehackte Chili hinzufügen. Das Ragout nochmals ab-schmecken und warm halten.

3. Für die Nudeln den Koriander waschen, trocken tupfen und die Blätter abzupfen. Die Silberzwiebeln abtropfen lassen und nach Belieben grob hacken. In einer weiteren Pfanne die Nudeln mit den Silberzwiebeln in wenig Olivenöl kurz andünsten. Anschließend mit dem Pesto mischen und mit Koriander, Zitro-nenschale, Salz und Pfeffer würzen.

4. Auf Tellern die Nudelmischung und darauf das Hähnchenragout anrichten. Die Hautstücke leicht mit Salz würzen und darauflegen. Zuletzt alles mit frisch gemahlenem Pfeffer bestreuen.

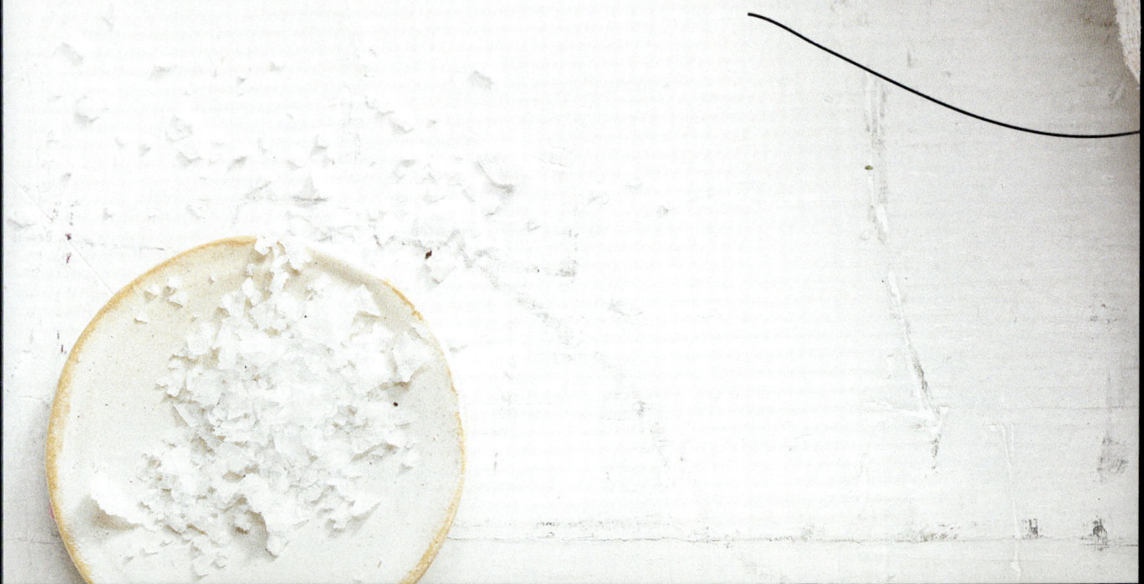

Zutaten

**Für 3 Personen
Zubereitungszeit
30 Minuten**

Für die Crostini
½ Bund Schnittlauch
3 Weißbrotscheiben
300 g stückige Toma-
ten (aus der Dose)
1 EL Rosinen
1 Stück langer Pfeffer
1 Riegel Zartbitter-
schokolade
(70 % Kakaoanteil)

Für das Gröstl
300 g gegarter
Ochsenschwanz
(oder ein anderes
gegartes Rindfleisch)
20 ml Kräuterlikör

Und sonst noch
Olivenöl
Salz und Pfeffer
Butter

Tomaten-Crostini

mit Ochsenschwanzgröstl

1. Für die Crostini den Schnittlauch waschen, trocken tupfen und in feine Röllchen schneiden (etwa 1 Handvoll). Die Brotscheiben in einer Pfanne in etwas Olivenöl auf jeder Seite knusprig ausbacken, wieder herausnehmen.

2. Die Tomatenstücke samt Saft in einem Topf erhitzen. Die Rosinen hacken und dazugeben. Etwas langen Pfeffer hineinreiben und 1 TL Schokolade darüber-raspeln. Alles umrühren und einmal kräftig aufkochen. Dann vom Herd nehmen und zwei Drittel des Schnittlauchs unterziehen, nach Belieben mit Salz würzen.

3. Für das Gröstl das Fleisch vom Ochsenschwanz in kleine Stücke zupfen und in einer Pfanne in 3 EL Butter warm schwenken. Das Fleisch mit dem Kräuter-likör ablöschen und mit Salz und Pfeffer würzen.

4. Die krossen Brotscheiben auf Tellern anrichten, jeweils etwas Tomaten-mischung darauf verteilen und das glasierte Ochsenfleisch daraufsetzen. Zuletzt die übrige Schokolade und den restlichen langen Pfeffer von der Tomaten-mischung fein darüberraspeln und mit dem restlichen Schnittlauch bestreuen.

Kohlrabi-Carpaccio

mit pochierten Eiern und Rindertatar

Für 3 Personen
Zubereitungszeit
40 Minuten

Für das Carpaccio
½ Kohlrabi
1 EL Sencha
(grüner Tee)
etwas Zitronensaft

Für den Reis
3 EL Basmati-Reis

Für die Eier
3 EL Weißweinessig
3 Eier

Für das Tatar
300 g Rinderfilet
1 EL mittelscharfer
Senf
1 EL Tomatenketchup
1 EL Weißweinessig
2 EL Schnittlauch-
röllchen

Und sonst noch
Olivenöl
Salz und Pfeffer
Pflanzenöl zum
Frittieren

1. Für das Carpaccio den Kohlrabi schälen und in feine Scheiben schneiden oder hobeln. Die Scheiben auf drei großen Tellern dachziegelartig und locker auslegen. Den Sencha-Tee kurz mit 30 ml heißem Wasser brühen, in ein Sieb abgießen und mit etwas Olivenöl und Zitronensaft zu einer Vinaigrette verrühren. Das Kohlrabi-Carpaccio damit beträufeln, mit Salz und Pfeffer würzen.

2. Für den Reis etwa 1 cm hoch Öl in einem großen Topf erhitzen und den Reis darin knusprig ausbacken. Herausnehmen, auf Küchenpapier abtropfen lassen und mit Salz würzen.

3. Für die Eier in einem Topf 1,5 l Wasser mit dem Essig aufkochen. Dann mit einem Schneebesen einen Strudel im Essigwasser erzeugen, die Eier zum Pochieren aufschlagen und mit der Schöpfkelle nach und nach ins rotierende Wasser setzen. Die Eier 3 Minuten pochieren, herausnehmen und abtropfen lassen.

4. Für das Tatar das Rinderfilet in sehr feine Würfel schneiden und zu Tatar hacken (eventuell fertiges Rindertatar beim Metzger kaufen, dann aber sofort verarbeiten). Senf, Ketchup, 2 EL Olivenöl und Essig zu einer Marinade verrühren und mit dem gehackten Rindfleisch und 1 EL Schnittlauchröllchen mischen, das Tatar mit Salz und Pfeffer abschmecken.

5. Das Tatar mit Hilfe eines Anrichterings jeweils neben dem Kohlrabi-Carpaccio anrichten und 1 pochiertes Ei darauflegen. Mit dem restlichen Schnittlauch und dem knusprigen Reis bestreut servieren.

Eins zu viel beim Impro-Gang

Der Impro-Gang: Freud und Leid zugleich. Eigentlich nervt mich der Impro-Gang häufig, weil die Zutaten meist konfus zusammengewürfelt sind. Andererseits stehe ich aber auch auf die Herausforderung, aus den merkwürdigsten Zutaten was Leckeres zu kochen.

Einmal hatte ich einen Warenkorb, den ich völlig daneben fand: Unter anderem waren darin Munsterkäse, Rotkohl, Cranberrysaft, Sojahack etc. Da konnte ich dann endlich machen, was ich schon lange vorhatte: Alles zusammen erwärmen, in den Mixer schmeißen, schön fein pürieren und als lecker Suppe anrichten ;-) Das Beste war, dass ich den Gang mit nur einem Punkt Rückstand verloren hab.

Aber es sollte noch schlimmer kommen. Und da war für mich klar, jetzt ist Schluss. Ende der Fahnenstange. Bis hierhin und nicht weiter! Ruth moderierte den Korb als einen Studentenwarenkorb an. Es gab: kalte, alte Pizza Margherita, Meerrettich aus der Tube, Bier, Zwiebelmett, Quark, Knoblauch und Chicorée. Ich hab mir den Korb angeguckt und entschieden: Nö, heute nicht!

Als Ruth zu mir rüberkam und fragte: „Was machst du jetzt aus den Zutaten?", hab ich einfach geantwortet: „Nichts." Sie guckte fragend und ich meinte, dass ich eh auf Kriegsfuß mit den Warenkörben stehe und mir die Auswahl wirklich „too much" sei. Innerhalb der acht Minuten hab ich dann erst mal die Pizza in den Ofen geschmissen und das Bier getrunken. Sobald die Pizza heiß war, sie klein geschnitten und ans Publikum verteilt. Und die Jury hat jeweils nur eine Knoblauchzehe auf den Teller bekommen. Das Gelächter war natürlich groß, als die drei zum Probieren reinkamen. Dreimal dürft ihr raten, wie viel Punkte ich bekommen hab…

Spaghettini

mit Flanksteak und Enoki-Pilzen

1. Für die Nudeln die Spaghettini in reichlich Salzwasser nach Packungsanweisung bissfest garen. Die Nudeln in ein Sieb abgießen und abtropfen lassen.

2. Für das Ragout inzwischen das Flanksteak vom Fett befreien, in feine Streifen schneiden und in einem Topf in Olivenöl scharf anbraten. Vom Herd nehmen und mit Salz und Pfeffer würzen.

3. Das obere Drittel der Enoki-Pilze jeweils in etwa 1 cm lange Stücke schneiden, putzen oder trocken abreiben. Die Artischockenböden abtropfen lassen und in feine Streifen schneiden. Den Basilikum waschen, trocken tupfen und grob hacken.

4. Für das Topping den Pumpernickel in kleine Würfel schneiden und in einer Pfanne in 2 EL Butter knusprig anrösten, vom Herd nehmen und beiseitestellen. Die Granatapfelkerne aus der Hälfte klopfen (dazu am besten unter Wasser im Spülbecken arbeiten!).

5. Enoki, Artischocken und Basilikum zum Ragout geben, die Nudeln ebenfalls unterziehen und alles bei Bedarf nochmals kurz erwärmen. Dann auf Tellern anrichten. Die Pumpernickelbrösel mit den Granatapfelkernen mischen, mit Salz, Pfeffer und Chili abschmecken und zum Servieren über die Pasta streuen.

Zutaten

Für 3 Personen
Zubereitungszeit
25 Minuten

Für die Nudeln
200 g Spaghettini

Für das Ragout
300 g Flanksteak
(vom Rind)
150 g Enoki-Pilze
(ersatzweise Shiitake-
oder Austernpilze)
3 eingelegte
Artischockenböden
1 Handvoll Basilikum-
blätter

Für das Topping
2 Scheiben Pumper-
nickel
½ Granatapfel
Chilipulver

Und sonst noch
Salz und Pfeffer
Olivenöl
Butter

Für 3 Personen
Zubereitungszeit
20 Minuten

Für den Salat
¼ Rettich
100 g Sahnejoghurt
Saft von ½ Zitrone

**Für das
Lammhackfleisch**
1 Zweig Rosmarin
2 EL Honig
2 Sardellen
1 eingelegte Zitrone
(ersatzweise Schalen-
stücke von 1 Bio-
Zitrone)
300 g Lammhack-
fleisch
Chilipulver
mittelscharfes Curry-
pulver

**Für die
Nougatsauce**
1 EL Nuss-Nougat-
Creme
1 EL Sojasauce
1 EL Sesamöl
Chilipulver

Und sonst noch
Salz und Pfeffer
Pflanzenöl

Würziges Lammhackfleisch

mit Rettichsalat und Nougatsauce

1. Für den Salat den Rettich schälen und mit dem Sparschäler in dünne Scheiben schneiden. Den Joghurt mit Zitronensaft verrühren und mit Salz und Pfeffer
abschmecken. Die Rettichstreifen mit dem Joghurt mischen.

2. Für das Lammhackfleisch den Rosmarin waschen, trocken tupfen und
fein hacken. Den Honig in einem Topf erwärmen und den Rosmarin darin etwas
ziehen lassen. Die Sardellen fein hacken. Die eingelegte Zitrone abtropfen lassen
und in Scheiben schneiden, 1 Scheibe fein hacken, den Rest beiseitelegen.

3. Das Lammhackfleisch in einer Pfanne in etwas Öl unter Rühren krümelig
anbraten. Sardellen und gehackte Zitrone untermischen und alles mit Chili, Curry
und etwas Rosmarinhonig pikant abschmecken, mit Salz und Pfeffer würzen. Aus
der Pfanne nehmen und warm halten.

4. Für die Nougatsauce in der Pfanne vom Hackfleisch die Nuss-Nougat-
Creme mit Sojasauce und Sesamöl bei schwacher Hitze zerlassen, mit 1 Prise Chili
würzen und vom Herd nehmen.

5. Auf die Teller mit einem breiten Pinsel jeweils 1 Streifen Nougatsauce
verstreichen. Darauf mit Hilfe eines Anrichterings das Lammhackfleisch setzen
und den Rettichsalat daneben anrichten. 2 Scheiben eingelegte Zitrone in feine
Streifen schneiden und alles damit toppen.

Tomatensalat

mit Venusmuscheln

1. Für den Salat die Tomaten waschen und in feine Würfel schneiden, dabei Kerne und Stielansätze entfernen. Die Chili längs halbieren, entkernen, waschen und in feine Würfel schneiden. Den Bärlauch oder Sauerampfer waschen, trocken tupfen und in feine Streifen schneiden.

2. Die Muscheln gründlich waschen (bereits geöffnete Exemplare entfernen) und in einer Pfanne im Wein andünsten. Dann zugedeckt bei schwacher Hitze noch 10–15 Minuten ziehen lassen, bis sich alle Muscheln geöffnet haben (jetzt noch geschlossene Exemplare ebenfalls entfernen).

3. Für die Mayonnaise inzwischen die Eigelbe mit Salz und Pfeffer und 150 ml Öl gründlich verrühren, dabei das Öl tropfenweise untermischen. Mit Crème fraîche mischen, die Zitronenschale und das Vanillemark unterrühren und die Mayonnaise zuletzt mit Zitronensaft abschmecken.

4. Tomaten, Chili und Kräuter mit 2 EL Mayonnaise mischen und mit Salz, Pfeffer und Zitronensaft abschmecken. Auf Tellern nach Belieben jeweils 1 Bärlauchblatt auslegen und den Salat mit Hilfe eines Anrichterings (5 cm Durchmesser) darauf anrichten. Die Muscheln darauf verteilen und mit der übrigen Mayonnaise beträufeln.

Zutaten

Für 3 Personen
Zubereitungszeit
35 Minuten

Für den Salat
2 große Fleisch-
tomaten
1 gelbe Chilischote
6 Blätter Bärlauch
oder Sauerampfer
(nach Belieben einige
Blätter zum Garnieren)

Für die Muscheln
300 g Vongole
(Venusmuscheln,
ersatzweise Mies-
muscheln)
80–100 ml Weißwein

Für die Mayonnaise
2 sehr frische Eigelb
1 EL Crème fraîche
Saft und abgeriebene
Schale von 1 Bio-
Zitrone
Mark von ½ Vanille-
schote

Und sonst noch
Salz und Pfeffer
Pflanzenöl

Makrele

mit Mango-Erbsen-Salat und Selleriestroh

1. Für das Selleriestroh reichlich Öl in einer Fritteuse oder einem großen Topf erhitzen. Den Knollensellerie schälen, zuerst in dünne Scheiben hobeln und diese dann in feine Streifen schneiden. 1 Handvoll Selleriestreifen im Öl knusprig ausbacken, herausnehmen und auf Küchenpapier abtropfen lassen. Den Rest in kochendem Salzwasser wenige Minuten bissfest blanchieren, in ein Sieb abgießen, eiskalt abschrecken und gut abtropfen lassen.

2. Für den Salat inzwischen die Erbsen in einer Pfanne in etwas Butter kurz schwenken, vom Herd nehmen und beiseitestellen. Den Schnittlauch waschen, trocken tupfen und in feine Röllchen schneiden. Den Ziegenfrischkäse mit dem Schnittlauch verrühren. Die Makrele mit der Gabel in kleine Stücke zupfen, bei Bedarf Gräten entfernen und den Fisch ebenfalls unter den Frischkäse rühren.

3. Die Mango schälen und in feine Würfel schneiden, mit 2 EL blanchiertem Sellerie (Rest anderweitig verwenden) und den Erbsen mischen und zur Frischkäsemischung geben. Alles mit Sesamöl, Essig, Salz, Pfeffer und Chili würzen. Den Salat mit Hilfe eines Anrichterings jeweils mittig auf Teller setzen und mit etwas Selleriestroh bestreuen. Leicht mit Salz und Pfeffer würzen.

Zutaten

Für 3 Personen
Zubereitungszeit
30 Minuten

Für das Selleriestroh
100 g Knollensellerie

Für den Salat
4 EL Erbsen
(frisch oder TK)
8 Stängel Schnittlauch
100 g Ziegenfrischkäse
⅓ Mango
1 EL Sesamöl
1 EL Weißweinessig
Chilipulver

Für die Makrele
70 g geräucherte
Makrele (ersatzweise
geräucherte/r Forelle
oder Lachs)

Und sonst noch
Pflanzenöl zum
Frittieren
Butter
Salz und Pfeffer

Alltägliches bei "Grill den Henssler"

Wenn ich für die Aufzeichnungen nach Köln komme, penne ich im Hotel. Der Ablauf ist eigentlich immer gleich: Erst mal wach werden – mal früher, mal später. Dann gibt es ein kleines Frühstück, danach den Kölner Dom zum 20. Mal angucken oder 'ne Runde Sport machen. Falls ich sportle, dann aber nicht zu heftig, weil ich ja abends für die Sendung noch fit sein muss.

Mittags geht es normalerweise zu meinem Lieblingsitaliener, da esse ich meistens auch das Gleiche. Vorweg das wunderbare Gericht „Mozzarella Marinata": Hier wird der Teller dünn mit Crème fraîche bestrichen, darauf kommen dünne Streifen Büffelmozzarella und obenauf klein geschnittene Tomaten, inklusive Fruchtfleisch. Mit Chili und klein geschnittenem Basilikum verfeinern und – jetzt kommt der Clou – zum Abschluss noch Zitronenschale drüber. Nun noch Salz und Pfeffer und du bist im siebten Italiener-Himmel. Danach gibt es entweder ein Kalbskotelett mit nix oder Ricotta-Ravioli in Salbeibutter – mit anschließendem Verdauungsspaziergang. Ein bisschen Entspannung im Hotel und „Bares für Rares" im ZDF und um 16.15 Uhr geht es endlich los: Abfahrt ins Studio.

Dort bin ich immer der Letzte, weil ich mich ja nicht vorbereiten muss. Am Studio angekommen, werden die Promis begrüßt, der Koch-Coach ein bisschen verunsichert und schon geht es ab in die Maske. Kurz hänge ich noch in meiner Garderobe rum, bevor es um 18 Uhr heißt: „Und hier ist Steffen Henssler."

Zutaten

**Für 3 Personen
Zubereitungszeit
30 Minuten**

Für die Polenta
200 ml Milch
50 g Kichererbsenmehl
50 g Parmesan
(am Stück)

Für das Gemüse
1 Zucchini
1 EL getrocknete
Pflaumen
6 Zweige Thymian
1 EL Balsamicoessig

Für den Fisch
300 g Kabeljaufilet
3 Scheiben Bacon
1 EL weiße Torrone
(nach Belieben)

Und sonst noch
Butter
Salz und Pfeffer
Olivenöl, Mehl

Kabeljau

mit Kichererbsenpolenta und Zucchini

1. Für die Polenta die Milch mit 2 EL Butter aufkochen und das Kichererbsenmehl unter Rühren einstreuen. Alles einmal aufkochen, dabei weiter rühren, dann bei abgeschalteter Herdplatte 2–3 Minuten quellen lassen. Etwa 2 EL Parmesanspäne in die Kichererbsenpolenta hobeln und unterrühren, dann alles mit Salz und Pfeffer abschmecken, warm halten.

2. Für das Gemüse die Zucchini putzen, waschen und schräg in Scheiben schneiden. Die Pflaumen bei Bedarf entkernen, dann in feine Würfel schneiden. Den Thymian waschen, trocken tupfen und fein hacken. Die Zucchinischeiben in einer Pfanne in 2 EL Olivenöl bei starker Hitze anbraten und mit etwsa Essig ablöschen. Pflaumen und Thymian dazugeben und alles mit Salz und Pfeffer abschmecken, warm halten.

3. Den Fisch waschen, trocken tupfen und in 3 Stücke schneiden. Rundum mit Salz und Pfeffer würzen und mit Mehl bestäuben. Die Fischstücke in einer Pfanne in 2 EL Olivenöl bei mittlerer Hitze auf jeder Seite kurz braten. Den Bacon dazulegen und knusprig braten. Dabei nach Belieben die Fischtranchen mit einem Topf beschweren, damit sie sich nicht nach oben wölben.

4. Jeweils etwas Polenta auf die Teller streichen und je 1 Stück Kabeljau darauflegen. Mit dem krossen Speck toppen und das Zucchinigemüse danebensetzen. Nach Belieben die Torrone hacken und die Brösel daraufstreuen. Zuletzt den restlichen Parmesan darüberhobeln.

**Für 3 Personen
Zubereitungszeit
25 Minuten**

Für den Quark
1 cm Chilischote
2 EL Petersilienblätter
75 g Sahnequark

Für den Rosenkohl
100 g Rosenkohl
1 Schalotte
2 Mini-Snack-Salami
3 Scheiben Toastbrot
20 g Blauschimmel-
käse (ohne Rinde)

Für die Muscheln
6 Jakobsmuscheln
(nur die Nüsse;
ersatzweise 150 g
Lachs- oder Weiß-
fischfilet, in große
Würfel geschnitten)
1 EL Orangen-
marmelade

Und sonst noch
Salz und Pfeffer
Pflanzenöl, Butter

Jakobs-muscheln

mit Rosenkohlgemüse und Kräuterquark

1. Für den Quark die Chili längs halbieren, entkernen, waschen und fein hacken. Die Petersilie waschen, trocken tupfen und fein hacken. Den Quark mit Petersilie und etwas gehackter Chili (Rest für die Muscheln verwenden) mischen und mit Salz und Pfeffer abschmecken.

2. Für den Rosenkohl die Röschen putzen und die äußeren Blätter entfernen. Den Rosenkohl waschen, in dünne Scheiben schneiden und in einer Pfanne in etwas Öl andünsten. Inzwischen die Schalotte schälen und in feine Würfel schneiden. Salami und Toastbrot ebenfalls in Würfel schneiden.

3. Schalotte und Salami in einer zweiten Pfanne in wenig Öl anrösten, in einer dritten Pfanne die Toastbrotwürfel in 1 EL Butter anbraten. Alle drei Pfannen in einer mischen, den Blauschimmelkäse darüberbröseln und alles mit Salz und Pfeffer abschmecken. Warm halten.

4. Für die Muscheln die Jakobsmuscheln waschen, trocken tupfen und in einer Pfanne in etwas Öl auf jeder Seite kurz anbraten. Orangenmarmelade und übrige Chili vom Kräuterquark dazugeben und die Jakobsmuscheln darin glasieren. Das Gemüse auf Tellern anrichten und den Quark danebensetzen. Zuletzt die Jakobsmuscheln drauflegen.

Garnelen vom Grill

auf Radicchio-Brezel-Salat

1. Die Garnelen waschen und trocken tupfen. 3 EL Sonnenblumenöl in einem Topf erhitzen und die Garnelen darin etwa 4 Minuten rührbraten. 100 g Butter hinzufügen. Sambal Oelek, Sweet-Chili-Sauce, Sojasauce und 2 EL Olivenöl zu einer Würzsauce mischen. Die Garnelen aus der Butter nehmen und in der Würzsauce mindestens 4 Minuten ziehen lassen.

2. Für den Salat inzwischen den Radicchio putzen, waschen und trocken tupfen, dann längs halbieren. Zuerst auf der Schnittseite 2 Minuten grillen, danach umdrehen und auf der anderen Seite kurz grillen. Den Radiccio vom Grill nehmen und in dünne Streifen schneiden. Die Laugenbrezel von beiden Seiten grillen.

3. Aus Birkensaft, Salz, Pfeffer, 2 EL Olivenöl, Sesamöl und Essig eine Vinaigrette rühren und den Radicchio damit marinieren. Die gegrillte Brezel in dünne Scheiben schneiden und zum Radicchio geben.

4. Den Salat auf Teller verteilen und jeweils 3 Garnelen daraufsetzen, mit Sweet-Chili-Sauce und Garnelenbutter aus der Pfanne beträufeln. Jeweils 1 Prise Kaffeepulver und Chili darum herumstreuen und die Schokolade darüberraspeln. Zuletzt mit frisch gemahlenem Pfeffer bestreuen.

Zutaten

Für 3 Personen
Zubereitungszeit
20 Minuten

Für die Garnelen
9 Garnelen
(geschält und
gesäubert)
1 Msp. Sambal Oelek
3 EL Sweet-Chili-
Sauce (und etwas
zum Garnieren)
1 TL helle Sojasauce

Für den Salat
½ Radicchio
1 Laugenbrezel
40 ml Birkensaft
(ersatzweise
1 TL Honig)
1 TL Sesamöl
2 TL Sherryessig
½ TL Kaffeepulver
Chilipulver
1 cm Joghurt-Erd-
beer-Schokoladen-
riegel

Und sonst noch
Sonnenblumenöl
Butter, Olivenöl
Salz und Pfeffer
Grill

HENSSLERS
Vorspeisen

Für den Smoothie
3 Granny-Smith-Äpfel
1 cm mittelscharfe
Chilischote
abgeriebene Schale
und Saft von 1 Bio-
Limette
8 Radieschen
100 ml naturtrüber
Apfelsaft (am besten
frisch entsaftet)
1 haselnussgroßes
Stück Ingwer
1 EL Apfelessig
1 TL geh. Minze

Für die Cannelloni
2 EL Pinienkerne
2 EL Rock-Chives®-
Kresse (ersatzweise
Minze)
50 g Kräuterfrischkäse
50 g körniger Frisch-
käse (Hüttenkäse)
50 g Crème fraîche
3 Tramezzini-Brot-
scheiben (ca. 12 x 12 cm;
ersatzweise entrinde-
tes Toastbrot)
2 EL Sesamöl

Und sonst noch
Zucker
Salz und Pfeffer
Olivenöl

Apfel-Radieschen-Smoothie

mit Tramezzini-Cannelloni

1. Für das Kompott 1 Apfel schälen, vierteln, entkernen und in Würfel schneiden. Die Apfelwürfel in einem Topf zugedeckt etwa 10 Minuten dünsten. Inzwischen die Chili längs halbieren, entkernen, waschen und fein hacken. Das Apfelkompott mit Limettenschale, 1 Prise Zucker, Salz und Chili abschmecken.

2. Für den Smoothie die übrigen 2 Äpfel schälen, vierteln und entkernen. Die Radieschen putzen und waschen. Im Standmixer die Apfelviertel mit 4 Radieschen, dem Saft und dem geschälten Ingwer fein pürieren. Die übrigen Radieschen in feine Streifen schneiden und mit Salz, Pfeffer und Essig marinieren.

3. Für die Cannelloni die Pinienkerne in einer Pfanne ohne Fett leicht anrösten. Herausnehmen und abkühlen lassen. Die Kresse waschen und trocken tupfen. Frischkäse, Hüttenkäse, Crème fraîche, Pinienkerne und Kresse cremig verrühren und mit Salz und Pfeffer würzen.

4. Die Tramezzini-Brote mit dem Nudelholz möglichst flach rollen. Auf der schmäleren Seite jeweils ein Drittel der Pinienkern-Kresse-Creme verteilen, die Brote aufrollen und die Cannelloni in einer Pfanne im Sesamöl rundum knusprig ausbacken – dabei auf der Nahtseite beginnen, damit sich diese gut schließt. Die Cannelloni schräg halbieren und auf die Teller setzen.

5. Den Smoothie zum Servieren mit 50 ml Olivenöl mischen und nochmals mit dem Mixer aufschäumen. Durch ein Sieb streichen und mit Salz, Pfeffer und Limettensaft abschmecken. Den Smoothie in kleine Gläser verteilen und je 1 EL marinierte Radieschenstifte daraufsetzen, nach Belieben noch je 1 Radieschenscheibe an den Glasrand stecken. Den Smoothie mit der gehackten Minze toppen und zu Tramezzini und Apfelkompott servieren.

Vegetarischer Glasnudelsalat
mit Tofu

1. Die Glasnudeln nach Packungsanweisung in kochendem Salzwasser weich garen. In ein Sieb abgießen, eiskalt abschrecken und abtropfen lassen. Inzwischen den Sesam in einer Pfanne ohne Fett leicht rösten, herausnehmen und auf einem Teller abkühlen lassen.

2. Die Avocado halbieren, entkernen, schälen und in Würfel schneiden, sofort mit dem Limettensaft mischen, damit sie sich nicht bräunlich verfärben. Die Zwiebel schälen und in feine Würfel schneiden. Den Apfel waschen, halbieren und entkernen. Paprika entkernen und waschen, dann mit dem Apfel in feine Streifen schneiden. Minze und Koriander waschen, trocken tupfen und fein hacken. Avocado, Zwiebel, Apfel und Paprika mischen und mit den Kräutern verrühren.

3. Reichlich Öl in einer Fritteuse oder einem großen Topf erhitzen. Die Wan-Tan-Blätter im Öl knusprig ausbacken, herausnehmen und auf Küchenpapier abtropfen lassen. Zum Servieren in mundgerechte Chips brechen, mit Salz und Pfeffer würzen.

4. Den Tofu in große Würfel schneiden und ebenfalls im Öl kurz frittieren, herausnehmen und abtropfen lassen. Die Mango schälen und erst in dünne Scheiben, dann in feine Stifte schneiden.

5. Den Ingwer schälen, fein reiben und mit Chilisauce, Sesamöl, Sojasauce, Sambal Oelek und Honig zu einer Marinade verrühren. Die Glasnudeln damit mischen, die Avocadomischung hinzufügen und den Salat nochmals abschmecken.

6. Den Salat in tiefen Tellern anrichten und mit den Mangostiften garnieren. Die Wan-Tan-Chips darum herumlegen, die Tofuwürfel daraufsetzen und mit der Marinade aus dem Salat beträufeln. Mit frisch gemahlenem Pfeffer und geröstetem Sesam bestreuen und mit je 2 Minzeblättern garnieren.

Zutaten

Für 3 Personen
Zubereitungszeit
30 Minuten

Für den Salat
150 g Glasnudeln
3 EL helle Sesamsamen
1 Avocado
Saft von 1 Limette
1 rote Zwiebel
½ Granny-Smith-Apfel
½ gelbe Paprikaschote
1 Stängel Minze
4 Stängel Koriander-grün
6 Wan-Tan-Blätter
(aus dem Asia-Laden, meist TK)
150 g Tofu
⅓ Mango
1 haselnussgroßes Stück Ingwer
1 EL Sweet-Chili-Sauce
4 EL Sesamöl
2 EL Sojasauce
1 Msp. Sambal Oelek
1 EL Honig
6 Minzeblätter

Und sonst noch
Salz und Pfeffer
Pflanzenöl zum Frittieren

Für die Quinoa
150 g Quinoa (am
besten rote Quinoa)

Für das Dressing
1 Granny-Smith-Apfel
1 walnussgroßes Stück
Ingwer
Saft von 1 Orange
1 Msp. Sambal Oelek
1 EL Honig

Für das Superfood
½ Hokkaido-Kürbis
2 mit Schale gegarte
Süßkartoffeln
100 ml Kokosmilch
1 Handvoll Baby-
Grünkohl (30 g)
½ reife Avocado
½ Mango
150 g Feta (Schafskäse)
1 Handvoll Tortilla-
Maischips

Und sonst noch
Salz und Pfeffer
Olivenöl

Quinoa LA-Style

mit Superfood-Gemüse

1. Die Quinoa in einem Topf in 500 ml Salzwasser einmal aufkochen, dann zugedeckt bei mittlerer Hitze 12–15 Minuten fertig garen. Vom Herd nehmen und abkühlen lassen.

2. Für das Dressing inzwischen den Apfel waschen und samt Schale in feine Streifen schneiden. Den Ingwer schälen und fein reiben. Apfel und Ingwer mit Orangensaft, 50 ml Olivenöl und Sambal Oelek mischen, mit Salz, Pfeffer und Honig abschmecken. Die Quinoa mit der Hälfte des Dressings marinieren.

3. Für das Superfood den Kürbis waschen, entkernen und in Spalten schneiden. In einer Pfanne in Olivenöl rundum anbraten, herausnehmen und beiseitestellen. 1 Süßkartoffel pellen, längs in Scheiben schneiden und ebenfalls in der Pfanne in etwas Olivenöl kross anbraten. Mit Salz und Pfeffer würzen, herausnehmen und beiseitestellen.

4. Die zweite Süßkartoffel ebenfalls pellen und in Würfel schneiden. In einem Topf mit der Kokosmilch erwärmen und etwa 5 Minuten warm ziehen lassen, dann zu Püree stampfen oder mit dem Stabmixer pürieren. Den Grünkohl putzen, waschen und in mundgerechte Stücke zupfen. Den Kern aus der Avocado entfernen, die Avocado und Mango schälen und beides in feine Würfel schneiden. Die restliche Hälfte des Dressings mit Grünkohl, Avocado und Mango mischen und den Salat mit Salz und Pfeffer würzen.

5. Das Süßkartoffelpüree in einem Streifen mittig auf die Teller streichen und die marinierte Quinoa danebensetzen. Darauf die Kürbis- und Süßkartoffelspalten legen. Den Grünkohlsalat daraufsetzen und den Feta darüberbröseln. Die Tortilla-Chips mit der Hand zerdrücken und zuletzt über die Teller streuen.

Für den Hummus
1 kleine Dose gegarte
Kichererbsen (425 ml)
1 Knoblauchzehe
100 g Sahnejoghurt
Saft von ½ Zitrone
gemahl. Kreuzkümmel

Für das Tsatsiki
½ Salatgurke
4 Stängel Minze
100 g Sahnejoghurt
50 g Crème fraîche
1 Knoblauchzehe

Für das Gemüse
1 Zucchini
1 Aubergine
3 Tomaten
1 Bund Petersilie
Saft von ½ Zitrone

Für das Lamm
150 g Lammlachs
2 Zweige Rosmarin

Und sonst noch
Olivenöl
Salz und Pfeffer
Pflanzenöl zum
Frittieren
Zucker

Türkische Mezze

mit Lammfilet

1. Für den Hummus die Kichererbsen in einem Sieb abbrausen und abtropfen lassen. Mit geschältem Knoblauch, 2 EL Olivenöl, Joghurt und Zitronensaft fein pürieren. Mit Salz, Pfeffer, Kreuzkümmel und Zitronensaft abschmecken.

2. Für das Tsatiski die Gurke waschen und fein raspeln. Die Gurkenraspel leicht mit Salz würzen und in einem Sieb etwa 10 Minuten abtropfen lassen. Inzwischen die Minze waschen, trocken tupfen und fein hacken. Die Gurkenraspel mit Joghurt, Crème fraîche und Minze verrühren. Den Knoblauch schälen und dazupressen, das Tsatsiki mit Salz und Pfeffer würzen.

3. Für das Gemüse reichlich Öl in einer Fritteuse oder einem großen Topf erhitzen. Inzwischen die Zucchini waschen, in feine Scheiben hobeln und in der Fritteuse knusprig ausbacken. Herausnehmen und auf Küchenpapier abtropfen lassen. Die Aubergine waschen, quer in 1 cm dicke Scheiben schneiden und in einer Grillpfanne in etwas Olivenöl anbraten, beiseitestellen. Die Tomaten waschen und in dünne Scheiben schneiden, dabei die Stielansätze entfernen. Die Petersilie waschen, trocken tupfen und fein hacken. Die Tomaten mit Salz, Pfeffer, Zitronensaft, 1 Prise Zucker und zwei Dritteln der Petersilie mischen.

4. Für das Lamm den Lammlachs parieren und in einer Pfanne in etwas Olivenöl rundum mit dem Rosmarin anbraten, mit Salz und Pfeffer würzen. Herausnehmen und schräg in Scheiben schneiden.

5. Auf den Tellern jeweils ein Türmchen aus zweimal abwechselnd Auberginen- und Tomatenscheiben bauen, darauf die Lammlachsscheiben und frittierte Zucchini legen. Daneben je 1 Nocke Hummus und Tsatsiki anrichten und die restliche gehackte Petersilie darüberstreuen.

Senfeier

mit Kartoffel-Kapern-Knusper

1. Für die Senfeier die Zwiebel schälen, in feine Würfel schneiden und in einer Pfanne in etwas Butter andünsten. 1 EL Mehl darüberstreuen und mit anrösten. Dann mit Gemüsebrühe und Weißwein ablöschen. Die Sahne dazugeben und alles etwas einkochen lassen. Den Senf unterrühren und die Sauce mit dem Stabmixer fein pürieren, warm halten.

2. Inzwischen für die Eier in einem Topf 1,5 l Wasser mit dem Essig aufkochen. Dann mit einem Schneebesen einen Strudel im Essigwasser erzeugen, die Eier zum Pochieren aufschlagen und mit der Schöpfkelle nach und nach ins rotierende Wasser setzen. Die Eier 3 Minuten pochieren, herausnehmen und abtropfen lassen. Dabei bei Bedarf in zwei Durchgängen arbeiten.

3. Für die Salsa reichlich Öl in einer Fritteuse oder einem großen Topf erhitzen. Die Kartoffeln schälen, waschen und in kleine Würfel schneiden. Die Kartoffelwürfel im Öl knusprig ausbacken, herausnehmen und auf Küchenpapier abtropfen lassen. Die Kapern abtropfen lassen und ebenfalls frittieren. Die Petersilie waschen, trocken tupfen, fein hacken und mit den Kapern zu den Kartoffelwürfeln geben. Alles mischen und mit Salz und Pfeffer abschmecken.

4. Zum Servieren jeweils 2 Eier auf einen Teller setzen. Die Senfsauce nochmals mit dem Stabmixer aufschäumen und darüber verteilen. Zuletzt alles mit der krossen Kartoffel-Kapern-Mischung bestreuen.

Zutaten

Für 3 Personen
Zubereitungszeit
20 Minuten

Für die Senfeier
1 Zwiebel
100 ml Gemüsebrühe
50 ml Weißwein
100 g Sahne
2 EL mittelscharfer Senf
6 Eier
3 EL Weißweinessig

Für die Salsa
3 vorwiegend festkochende Kartoffeln
2 EL Kapern
6 Stängel Petersilie

Und sonst noch
Butter, Mehl
Pflanzenöl zum Frittieren
Salz und Pfeffer

Chris Tall, ein Kuss und die Brüderschaft

Zwei Wochen bevor Chris Tall uns bei „Grill den Henssler" besuchte, traf ich ihn zufällig im Supermarkt. Dort haben wir dann kurz geschnackt und ich dachte mir noch: Entspannter Typ, das kann richtig lustig werden – wir beide hatten nämlich extrem Lust auf die Competition.

Wie erwartet, ging es in der Sendung auch hoch her … Das ein oder andere Glas Wein war schon geleert, und während ich mich gerade beim Dessert abkämpfte, kam Chris schon wieder mit zwei Gläsern rüber. Diesmal wollte er Brüderschaft trinken.

Meinetwegen! Wir kreuzten also die Arme und kippten einen Schluck Wein runter. Wie es sich gehört, spitzte Chris danach die Lippen, schloss seine Augen und hielt mir seinen Kussmund hin. Alles klar, der will es wirklich wissen – und ich nahm das verlockende Angebot an. Damit hatte er wohl nicht gerechnet, denn sein Blick war Weltklasse. Nach der Sendung verriet er mir, dass er auf meine Reaktion sehr gespannt war. Es hätte ja auch sein können, dass ich ihm eine klatsche. Den Kuss hatte er als Letztes auf dem Zettel! Chris Tall war echt ein cooler Gast und eins muss man ihm lassen: Küssen kann er ;-)

Rote-Linsen-Suppe

mit Sigara Börek und Minz-Joghurt-Dip

1. Für die Suppe Zwiebel und Knoblauch schälen, in feine Würfel schneiden und in einem Topf in etwas Sonnenblumenöl andünsten. Paprika und Chili längs halbieren, entkernen, waschen und ebenfalls in feine Würfel schneiden, dann zum Suppenansatz geben. Linsen, Tomatenmark und 1 Prise Zucker hinzufügen und mit anrösten, mit der Gemüsebrühe ablöschen. Alles mit Curry und Kreuzkümmel würzen, die Kokosmilch dazugießen und die Linsen etwa 10 Minuten weich garen. Zuletzt mit 1 Schuss Essig, Salz und Pfeffer abschmecken, die Crème fraîche hinzufügen und die Suppe mit dem Stabmixer fein pürieren, warm halten.

2. Für den Dip inzwischen die Minze waschen, trocken tupfen und fein hacken. Den Joghurt mit der Minze verrühren und mit 1 Spritzer Zitronensaft, Zitronenschale, Salz und Pfeffer abschmecken.

3. Für die Sigara reichlich Öl in einer Fritteuse oder einem großen Topf erhitzen. Den Schafskäse mit einer Gabel zerdrücken und mit Pfeffer, 1 EL gehackter Petersilie und Paprikapulver mischen. Auf die breite Seite der Filoblätter je 1 Streifen Füllung geben und die Ränder mit Wasser bestreichen. Zuerst die Ecken nach innen klappen, dann die Blätter aufrollen. Die Sigara im Öl knusprig ausbacken, herausnehmen und auf Küchenpapier abtropfen lassen.

4. Die Linsensuppe in tiefe Teller verteilen und mit dem Dip beträufeln, daneben jeweils 1 Sigara anrichten. Mit frisch gemahlenem Pfeffer bestreuen und alles mit übriger Petersilie toppen.

Zutaten

Für 3 Personen
Zubereitungszeit
35 Minuten

Für die Suppe
1 Gemüsezwiebel
1 Knoblauchzehe
1 gelbe Paprikaschote
1 cm rote Chilischote
150 g rote Linsen
1 EL Tomatenmark
750 ml Gemüsebrühe
⅓ TL Currypulver
1 Msp. gemahlener
Kreuzkümmel
200 ml Kokosmilch
1 EL Rotweinessig
2 EL Crème fraîche

Für Dip & Sigara
2 Stängel Minze
200 g Sahnejoghurt
abgeriebene
Schale und Saft von
¼ Bio-Zitrone
150 g Feta (Schafskäse)
2 EL geh. Petersilie
½ TL Paprikapulver
rosenscharf
3 Blätter Filoteig
(Kühlregal)

Und sonst noch
Sonnenblumenöl
Zucker
Salz und Pfeffer
Pflanzenöl zum
Frittieren

Abgeschmolzene Bier-Brotsuppe

mit Käseplätzchen

1. Für die Käseplätzchen den Backofen auf 200 °C (Ober- und Unterhitze) vorheizen. Ein Backblech mit Backpapier auslegen. Den Parmesan grob raspeln und aus den Käseraspeln auf dem Blech nebeneinander 6 Kreise (à ca. 3 EL, den Rest für die Suppe verwenden) häufen. Im Ofen etwa 7 Minuten zu krossen Chips backen, herausnehmen und nach Belieben über einer Kante oder dem Nudelholz abkühlen lassen, sodass sie eine wellenartige Form erhalten.

2. Für die Suppe inzwischen die Zwiebel schälen und in dünne Ringe schneiden. Die Petersilie waschen, trocken tupfen und fein hacken. Die Zwiebelringe in 3 EL Butter in einem Topf andünsten. Die Hälfte des Brots in Würfel schneiden und hinzufügen, mit Bier und Fond ablöschen und 2 EL gehackte Petersilie dazugeben, die Suppe weiterköcheln lassen. Beide Kümmelsorten im Mörser oder Blitzhacker fein zermahlen und mit dem übrigen Parmesan zur Suppe geben. Die Suppe soll danach nicht mehr kochen, zuletzt mit Muskatnuss, Salz und Pfeffer abschmecken.

3. Das restliche Brot in 1 cm große Würfel schneiden und in 2 EL Butter zu Croûtons ausbacken. Den Speck in Streifen schneiden und in 2 EL Olivenöl knusprig braten, herausnehmen und auf Küchenpapier abtropfen lassen.

4. Die Suppe in tiefe Teller verteilen und mit den Brotcroûtons, der restlichen Petersilie und dem krossen Speck toppen. Die Käseplätzchen in grobe Stücke brechen und darüberstreuen. Zuletzt etwas Pfeffer darüberreiben.

Zutaten

Für 3 Personen
Zubereitungszeit
25 Minuten

Für die Plätzchen
150 g Parmesan
(am Stück)

Für die Suppe
1 Gemüsezwiebel
⅓ Bund Petersilie
200 g Weizen-
mischbrot
700 ml Pale Ale
(ersatzweise helles
oder Weizenbier)
400 ml Geflügelfond
oder Gemüsebrühe
½ TL Kreuzkümmel
½ TL Schwarzkümmel
frisch geriebene
Muskatnuss
6 Scheiben
durchwachsener Speck

Und sonst noch
Butter
Salz und Pfeffer
Olivenöl

Zutaten

**Für 3 Personen
Zubereitungszeit
35 Minuten**

Für die Suppe
2 Schalotten
2 Knoblauchzehen
50 g Weinblätter
(in Lake; aus dem
türkischen oder
arabischen Laden)
2 mittelgroße mehlig-
kochende Kartoffeln
80 g weiße Trauben
100 ml Weißwein
80 g Cocktailtomaten
300 ml Gemüsebrühe
etwas Anispulver
gemahlener Kreuz-
kümmel
½ TL getrockneter
Thymian
300 g Sahne
Chilipulver

Für die Garnelen
9 große Garnelen
(geschält und
gesäubert)
3 Knoblauchzehen
1 Zweig Rosmarin

Und sonst noch
Sonnenblumenöl
Zucker, Butter
Pflanzenöl zum
Frittieren
Salz und Pfeffer

Weinblattsuppe

mit Garnelen

1. Für die Suppe die Schalotten schälen und in dünne Scheiben schneiden. Die Knoblauchzehen schälen und mit 25 g Weinblättern fein hacken. Die Kartoffeln schälen, waschen und in dünne Scheiben schneiden. Die Schalotten in einem Topf in Sonnenblumenöl andünsten. Knoblauchzehen und Weinblättern dazugeben und kurz mitdünsten. Zuletzt die Kartoffelscheiben mit 1 Prise Zucker und 30 g Butter hinzufügen.

2. Die Trauben waschen, halbieren und, falls nötig, entkernen, 1 EL beiseitestellen, den Rest ebenfalls zur Suppe geben. Alles mit Weißwein ablöschen und einkochen lassen. Die Tomaten waschen, in große Würfel schneiden und mit der Gemüsebrühe dazugeben. Die Suppe mit etwas Anis sowie je 1 Prise Kreuzkümmel und Thymian würzen und zugedeckt bei schwacher Hitze etwa 20 Minuten gar ziehen lassen.

3. Die restlichen Weinblätter inzwischen auseinanderziehen und einzeln in einer Fritteuse oder einem großen Topf in reichlich Öl knusprig ausbacken. Herausnehmen und auf Küchenpapier abtropfen lassen.

4. Die Garnelen waschen und trocken tupfen. Die Knoblauchzehen schälen. Den Rosmarin waschen, trocken tupfen und grob hacken. Die Garnelen in einer Pfanne in etwas Öl anbraten. Knoblauch und Rosmarin dazugeben und alles bei schwacher Hitze rundum andünsten. Mit Salz und Pfeffer würzen.

5. Zum Servieren die Suppe mit Sahne mischen und mit Chili und Salz abschmecken. Im Standmixer oder mit dem Stabmixer schaumig pürieren. Die Suppe in tiefen Tellern anrichten und die Garnelen daraufsetzen. Mit den krossen Weinblättern toppen. Die restlichen gehackten Trauben auf der Suppe verteilen und alles mit frisch gemahlenem Pfeffer bestreuen.

58

Kohlrabi-Kokos-Suppe

mit Garnelen

1. Für die Suppe die Schalotten schälen und in feine Würfel schneiden. Den Kohlrabi schälen, halbieren und in feine Streifen schneiden. Die Schalotten in einem Topf in etwas Butter andünsten, dann die Kohlrabistreifen dazugeben. Etwas Farbe ziehen lassen, mit Salz und Pfeffer würzen und Kaffir-Limettenblätter, 1 Prise Curry und den geriebenen Ingwer dazugeben. Mit dem Wein ablöschen und zugedeckt etwa 5 Minuten köcheln lassen.

2. Die Gemüsebrühe, 200 ml Kokosmilch und die Sahne zum Kohlrabi geben und noch kurz weitergaren. Sobald das Gemüse weich ist, die Kaffir-Limettenblätter entfernen und die Suppe mit dem Stabmixer pürieren. Durch ein Sieb passieren und mit Salz, Pfeffer und Curry abschmecken, warm halten.

3. Für die Garnelen 50 ml kaltes Wasser, 2 EL Mehl, Speisestärke und Backpulver zu einem Ausbackteig glatt verrühren, mit etwas Salz würzen und mit Curry abschmecken. Reichlich Öl in einer Fritteuse oder einem großen Topf erhitzen. Die Garnelen waschen und trocken tupfen. 3 Garnelen durch den Ausbackteig ziehen und im Öl knusprig ausbacken. Herausnehmen und auf Küchenpapier abtropfen lassen. Die restlichen Garnelen in einer Pfanne in wenig Öl rundum anbraten, leicht mit Salz würzen und mit Curry bestäuben. (Alternativ alle Garnelen in der Pfanne braten.)

4. Die restliche Kokosmilch in einem Topf erwärmen, mit Salz und Chilipulver würzen und mit dem Stabmixer aufschäumen. Die Suppe in tiefen Tellern anrichten. Den Koriander waschen, trocken tupfen, die Blätter abzupfen und darüberstreuen. jeweils 1 frittierte und 1 gebratene Garnele darauflegen und mit der Limettenschale bestreuen, den Kokosmilchschaum darum herumträufeln.

Zutaten

Für 3 Personen
Zubereitungszeit
50 Minuten

Für die Suppe
2 Schalotten
1 Kohlrabi (300 g)
3 Kaffir-Limettenblätter
mittelscharfes
Currypulver
1 haselnussgroßes
Stück Ingwer
100 ml Weißwein
250 ml Gemüsebrühe
400 ml Kokosmilch
100 g Sahne
Chilipulver
4 Stängel Koriander-
grün
abgeriebene Schale
von 1 Bio-Limette

Für die Garnelen
2 EL Speisestärke
1 TL Backpulver
mittelscharfes
Currypulver
6 große Garnelen
(geschält und
gesäubert)

Und sonst noch
Butter
Salz und Pfeffer, Mehl
Pflanzenöl zum
Frittieren

Für 3 Personen
Zubereitungszeit
40 Minuten

Für den Borschtsch
4 vorwiegend fest-
kochende Kartoffeln
(ca. 350 g)
2 Zwiebeln
je ¼ Bund Petersilie,
Sauerampfer, Kerbel,
Pimpernelle, Schnitt-
lauch und Gunder-
mannblüten
600 ml Hühnerbrühe
Weißweinessig
4 Stängel Dill
3 EL Crème fraîche
frisch geriebene
Muskatnuss

Für die
gebackenen Eier
3 EL Weißweinessig
3 Eier
1 Ei zum Panieren
3 EL Panko-Mehl
(aus dem Asia-Laden)

Und sonst noch
Pflanzenöl
Mehl, Butter
Salz und Pfeffer

Grüner Borschtsch

mit gebackenem Ei

1. Für den Borschtsch die Kartoffeln schälen, waschen und in Würfel schneiden. Die Zwiebeln schälen und in feine Würfel schneiden. Die Petersilie waschen, trocken tupfen und fein hacken. Die Zwiebeln in einem großen Topf in etwas Öl andünsten. Die Kartoffeln sowie 1 Handvoll gehackte Petersilie hinzu-fügen, alles mit 500 ml Brühe aufgießen und bei schwacher Hitze 15–20 Minuten köcheln lassen. Dann die Suppe mit etwas Essig abschmecken.

2. Die restlichen Kräuter inzwischen waschen und trocken tupfen, dabei ein paar schöne Spitzen oder Blüten zum Garnieren beiseitelegen. Die Kräuter mit den übrigen 100 ml Brühe mit dem Blitzhacker zu einer feinen Sauce pürieren.

3. Für die gebackenen Eier währenddessen in einem Topf 1,5 l Wasser mit dem Essig aufkochen. Dann mit einem Schneebesen einen Strudel im Essigwasser erzeugen und die Eier zum Pochieren aufschlagen und mit der Schöpfkelle nach und nach ins rotierende Wasser setzen. Die Eier 3 Minuten pochieren, heraus-nehmen und abtropfen lassen.

4. Zum Panieren Mehl, Ei und Panko jeweils in tiefe Teller geben. Die pochierten Eier nacheinander in Mehl, verquirltem Ei und Panko wenden und in einer großen Pfanne in 100 g Butter und 100 ml Öl knusprig ausbacken. Heraus-nehmen und auf Küchenpapier abtropfen lassen.

5. Zum Servieren die Suppe mit Crème fraîche verfeinern, mit Salz, Pfeffer und Muskatnuss abschmecken und nach Belieben nochmals mit dem Stabmixer aufschäumen. In tiefen Tellern anrichten und mit der grünen Sauce beträufeln. In die Mitte je 1 knuspriges Ei setzen, mit Salz und Pfeffer würzen und mit den beiseitegelegten Kräutern garnieren.

Für 3 Personen
Zubereitungszeit
35 Minuten

Für das Hähnchen
3 Maispoularden-
schenkel (à ca. 200 g)
150 ml Achar-Sauce
(aus dem Indien-
Laden; ersatzweise
milde Chilisauce mit
Ketchup verrührt)
abgeriebene
Schale und Saft von
1 Bio-Limette
Chilipulver (nach
Belieben)

Für den Papp
75 g Maismehl
200–300 ml Gemüse-
fond oder -brühe
½ TL Fünf-Gewürz-
Pulver
1 haselnussgroßes
Stück Ingwer

Für das Chakalaka
150 g weiße Bohnen
in Tomatensauce
(aus der Dose)
75 g Möhren
¼ Bund Petersilie

Und sonst noch
Pflanzenöl, Butter
Salz und Pfeffer

Hähnchen-schenkel

mit Chakalaka und Papp

1. Für das Hähnchen die Schenkel waschen, trocken tupfen und das Fleisch von den Knochen lösen. Das Fleisch in einer Pfanne in etwas Öl rundum knusprig anbraten. Herausnehmen, kurz abkühlen lassen und grob hacken. Dann das Fleisch wieder in die Pfanne geben und weiter braten, die Achar-Sauce dazugeben und alles bei schwacher Hitze noch etwa 10 Minuten köcheln lassen.

2. Für den Papp inzwischen das Maismehl in einem Topf unter Rühren anrösten. Mit Brühe aufgießen und kräftig durchrühren, dann alles bei schwacher Hitze etwa 10 Minuten anziehen lassen, dabei immer wieder umrühren. Den Maisbrei (Papp) mit Fünf-Gewürz-Pulver, geriebenem Ingwer, Salz und Pfeffer leicht pikant abschmecken, mit 2 EL Butter verfeinern und warm halten.

3. Für das Chakalaka die Bohnen samt Tomatensauce in einem Topf erwärmen. Die Möhren schälen, grob raspeln und zu den Bohnen geben. Die Petersilie waschen, trocken tupfen, grob hacken und ebenfalls hinzufügen. Mit Salz und Pfeffer abschmecken.

4. Das Hähnchenfleisch mit der Hälfte der Limettenschale, 1 Spritzer Limettensaft, Salz, Pfeffer und nach Belieben etwas Chili abschmecken. Auf Teller je 1 Klecks Papp geben und Hähnchen und Chakalaka danebensetzen. Zuletzt mit der übrigen Limettenschale und nach Belieben mit Kräutern toppen.

„Chakalaka" – und zwar richtig

Die Story passierte, wie sollte es anders sein, beim Impro-Gang. Hin und wieder finde ich die Zusammensetzung der Zutaten echt problematisch. Und reagiere da manchmal auch leicht gereizt – was ja kein Geheimnis ist.

Diesmal waren rohe Spaghetti im Warenkorb. Ich überlegte schon: Wie soll ich die denn in acht Minuten gar kriegen? Sah dann aber auf dem Herd einen Topf stehen und vermutete, dass kochendes Wasser vorbereitet war. Ruth gab das Kommando, ich flitze in meine Küche, hackte die Spaghetti und wollte sie in den Topf schmeißen. Aber leider kochte das Wasser nicht einmal ansatzweise, sondern war grad mal lauwarm. Da war ich richtig genervt, vor allem, weil bei den Promis auf der anderen Seite das Wasser bereits sprudelte. Ich versuchte zu retten, was zu retten war, bekam auch was auf den Teller, verlor allerdings den Gang.

Irgendwie musste ich meinen Ärger loswerden und so startete ich eine kleine Retourkutsche. Die Leidtragenden waren die Jurymitglieder, wobei die ja gar keine Schuld an dem Dilemma hatten. Motsi Mabuse kochte die Vorspeise „Huhn Chakalaka mit Papp", ein würziges Gericht aus Afrika. Okay, dachte ich: Euch werde ich mal zeigen, wie man „Huhn Chakalaka" richtig würzt. Man hatte für den Gang 20 Minuten Zeit und so konnte ich in aller Ruhe mein „Huhn Chakalaka" zubereiten. Alles, was sich in meiner Küche befand und in irgendeiner Form Chili enthielt, flog in dieses Gericht. Am Ende war es dann so scharf, dass ich mich selber nicht mehr traute, es zu probieren.

Ich richtete die Teller nett an und stellte sie auf den Jurytisch. Danach verschwanden wir hinter unserer Wand und die Jury kam zum Probieren rein. Es war herrlich. Als Erste probierte Natalie Lumpp. Ihre erste Reaktion war ein „Ouhhh". Ruth fragt: „Was ist los? Scharf?" Sie nur zurück: „Mmmmm" – und trank sofort ein Glas Wasser. Heinz hatte von der ganzen Geschichte nichts mitbekommen und probierte einen ordentlichen Happen und ihm flog – O-Ton – „die Birne weg". Calli, der alte Fuchs, hatte das Ganze beobachtet und nur eine kleine Gabel genommen. Aber selbst die kleine Menge reichte, um ihn aus den Socken zu hauen, er war nur noch am Stöhnen: „Ouuuhaaahh, boahh." Ich stand hinter der Wand und musste Tränen lachen. Ich hab den Gang dann zwar verloren, das in diesem Fall aber gerne in Kauf genommen ;-)

Steffen in Action!

Perlhuhn vom Grill

mit Krautsalat und Süßkartoffelstampf

1. Das Perlhuhn innen und außen gründlich waschen und trocken tupfen. Auf einen Drehspieß stecken und am Vertikalgrill 50–60 Minuten garen (alternativ in einer Alugrillschale auf dem Rost im geschlossenen Kugelgrill garen, dabei öfters wenden, oder im Backofen bei 180 °C). Sojasauce, Ahornsirup, Barbecue-Gewürz und 2 EL Olivenöl mischen und das Perlhuhn damit während des Grillens oder Bratens etwa dreimal rundum bestreichen.

2. Für den Stampf inzwischen die Süßkartoffeln schälen, in Scheiben schneiden und in einem Topf knapp mit Salzwasser bedeckt in etwa 5 Minuten weich garen. Danach abgießen und kurz ausdampfen lassen. Die Kartoffeln mit der Kokosmilch stampfen und mit Salz, Pfeffer und geriebenem Ingwer würzen, anschließend beiseitestellen.

3. Für die Barbecue-Sauce den Rotwein in einem Topf auf ein Drittel einkochen lassen. Ketchup, Chilisauce und Räucherpaprika dazugeben und die Sauce mit Salz und Pfeffer abschmecken, beiseitestellen.

4. Für das Kraut Weißkohl putzen, waschen und in feine Streifen schneiden. Die Zwiebel schälen und in feine Würfel schneiden. Den Speck in feine Würfel schneiden und in einem Topf mit 2 EL Sonnenblumenöl knusprig braten. Die Zwiebel hinzufügen und kurz mitdünsten. Dann den Kohl dazugeben und alles bei mittlerer Hitze etwa 10 Minuten garen. Die Petersilie waschen, trocken tupfen, grob hacken und hinzufügen.

5. Das Perlhuhn vom Spieß nehmen, zerlegen und bei Bedarf nochmals auf der Schnittseite auf dem Grillrost nachgaren. Auf Tellern jeweils 1 EL Crème fraîche rund verstreichen und die Hühnerstücke daraufsetzen. Daneben den Süßkartoffelstampf und das Kraut anrichten. Den gehackten Rosmarin auf den Stampf geben. Die Barbecue-Sauce über das Fleisch träufeln.

Zutaten

Für 3 Personen
Zubereitungszeit
1 Stunde 30 Minuten

Für Huhn & Sauce
1 Perlhuhn (à ca. 1,2 kg; ersatzweise 1 kleines Hähnchen)
2 EL Sojasauce
2 EL Ahornsirup
1 EL BBQ-Gewürz
200 ml Rotwein
2 EL Ketchup
2 EL Chilisauce
1 TL Pimentón de la Vera picante (geräuchertes Paprikapulver)
3 EL Crème fraîche
1 TL geh. Rosmarin

Für den Stampf
2 Süßkartoffeln
200 ml Kokosmilch
1 haselnussgroßes Stück Ingwer

Für das Kraut
¼ Weißkohl, 1 Zwiebel
8 Scheiben Speck
6 Stängel Petersilie

Und sonst noch
Olivenöl
Salz und Pfeffer
Sonnenblumenöl
Grill mit Drehspieß

71

Kalbs-schnitzelchen

mit Feldsalat

1. Für den Salat die Speckscheiben in Würfel schneiden und in einer Pfanne in 2 EL Pflanzenöl knusprig auslassen. Herausnehmen und auf Küchenpapier abtropfen lassen.

2. Für das Dressing die Zwiebel und den Knoblauch schälen und in feine Würfel schneiden. Mit den übrigen Zutaten für das Dressing im Standmixer oder in einem hohen Rührbecher mit dem Stabmixer fein pürieren. Zuletzt 4 EL Sonnenblumenöl cremig untermixen und mit Salz und Pfeffer abschmecken.

3. Die Radieschen waschen und in dünne Scheiben schneiden oder hobeln. Die Petersilie waschen, trocken tupfen und grob hacken. Den Feldsalat verlesen, waschen und trocken tupfen. Radieschen, Petersilie und Feldsalat mit einem Viertel des Dressings mischen. (Das überschüssige Dressing im Kühlschrank aufbewahren und anderweitig verwenden.)

4. Die Kalbsschnitzel etwas flacher klopfen, mit Salz und Pfeffer würzen. Zum Panieren Mehl, mit Sahne verquirlte Eier und Panko-Mehl in tiefe Teller geben. Die Schnitzel nacheinander in Mehl, verquirlter Eisahne und Panko wenden und in einer Pfanne in 200 g Butterschmalz goldbraun ausbacken. Den Salat auf Tellern anrichten und mit krossem Speck und Kürbiskernöl toppen. Daneben – am besten direkt aus der Pfanne – die Schnitzel legen.

Zutaten

Für 3 Personen
Zubereitungszeit
35 Minuten

Für den Salat
100 g durchwachsener
Speck (in Scheiben)
8 Radieschen
3 Stängel Petersilie
200 g Feldsalat
1 EL Kürbiskernöl

Für das Dressing
1 rote Zwiebel
1 Knoblauchzehe
1 EL scharfer Senf
50 g Sahnejoghurt
100 ml Gemüsefond
oder -brühe
2 EL weißer Balsa-
micoessig

Für die Schnitzel
3 kleine Kalbs-
schnitzel (à ca. 75 g)
1 EL Sahne, 2 Eier
75 g Panko-Mehl
(aus dem Asia-Laden)

Und sonst noch
Pflanzenöl
Sonnenblumenöl
Salz und Pfeffer
Mehl
Butterschmalz

Für 3 Personen
Zubereitungszeit
35 Minuten

Für den Salat
3 Knoblauchzehen
1 rote Zwiebel
10 Cocktailtomaten
200 g grüne Bohnen
2 getrocknete, in Öl
eingelegte Tomaten
2 Stängel Basilikum
1 EL Balsamicoessig

Für das Duo
3 Scheiben Toastbrot
9 Kaisergranat
(Scampi; ersatzweise
Garnelen)
3 Salsicce (grobe
ital. Bratwürste)
30 g Parmesan
(am Stück)
1 EL geh. Petersilie

Und sonst noch
Olivenöl
Salz und Pfeffer
Butter

Italienisches Duo
von Salsiccia und Scampi

1. Für den Salat den Knoblauch schälen, in dünne Scheiben schneiden und in einem Topf in 100 ml Olivenöl bei schwacher Hitze ziehen lassen.

2. Die Zwiebel inzwischen schälen und in feine Würfel schneiden. Die Cocktailtomaten waschen, halbieren und mit der Zwiebel in einer Schüssel mischen. Die Bohnen putzen, waschen und in reichlich Salzwasser bissfest blanchieren. Danach in ein Sieb abgießen, eiskalt abschrecken und abtropfen lassen. Die eingelegten Tomaten fein schneiden und mit den Bohnen zur Zwiebel-Tomaten-Mischung hinzufügen. Das Basilikum waschen, trocken tupfen und fein hacken. Etwa 2 EL warmes Knoblauchöl (Rest anderweitig verwenden) unter das Gemüse mischen und den Salat mit Essig, Salz, Pfeffer und Basilikum abschmecken.

3. In einer Pfanne 50 g Butter aufschäumen. Aus jedem Toastbrot 1 Kreis (ca. 10 cm Durchmesser; Rest anderweitig verwenden) ausstechen und in der Butter von beiden Seiten anbräunen. Herausnehmen und auf Küchenpapier abtropfen lassen.

4. Für das Duo die Kaisergranat von Kopf und Panzer befreien, entdarmen, waschen und trocken tupfen. Dann in einer Pfanne in 50 g Butter bei schwacher Hitze rundum anbraten, mit Salz und Pfeffer würzen. Die Salsicce längs halbieren und in einer Pfanne ohne Fett von beiden Seiten knusprig braten.

5. Jeweils 1 Toastbrot in tiefen Tellern anrichten und den Salat darüber verteilen. Den Parmesan großzügig darüberhobeln und mit frisch gemahlenem Pfeffer bestreuen. Die Salsicce mit zwei Gabeln grob zerzupfen und darüber verteilen. Darauf jeweils 3 Kaisergranate legen und alles mit heißer Butter aus der Pfanne und gehackter Petersilie toppen.

Mariniertes Kachelfleisch

auf gegrillter Wassermelone mit Spinatsalat

1. Für das Fleisch die Chili längs halbieren und mit der Innenseite der Schote eine Schüssel ausreiben. Das Kachelfleisch dazugeben, mit 4 EL Sojasauce und Pfeffer würzen und darin kurz ziehen lassen.

2. Für den Salat inzwischen die Zwiebel schälen und in feine Würfel schneiden. Die Avocado halbieren, entkernen, schälen und in Würfel schneiden. Zwiebel und Avocado mischen. Den Spinat verlesen, waschen und trocken schleudern. Die Radieschen putzen, waschen, in feine Würfel schneiden und mit dem Spinat zu Zwiebel und Avocado geben. Mit Crème fraîche, Essig und Olivenöl mischen und den Salat mit Salz und Pfeffer abschmecken.

3. Für die Chips reichlich Öl in einer Fritteuse oder einem großen Topf erhitzen. Die Kartoffeln schälen, waschen und in hauchdünne Scheiben schneiden. Die Kartoffeln im Öl frittieren. Herausnehmen und auf Küchenpapier abtropfen lassen, mit Salz würzen.

4. Für die Würzsauce 2 EL Sojasauce und Limettensaft mischen, den Knoblauch schälen und dazureiben. Den Koriander waschen, trocken tupfen, grob hacken und dazugeben. 7 Minuten vor dem Servieren das Fleisch von beiden Seiten 7 Minuten grillen und mit der Würzsauce rundum bestreichen. Aus der Melone 2 Rechtecke (ca. 10 x 4 x 4 cm) schneiden und rundum grillen.

5. Auf Tellern den Salat anrichten und die Kartoffelchips darauf verteilen. Daneben die dünn aufgeschnittene Melone setzen und mit fein gezupfter Minze toppen. Das Fleisch nach Belieben in Streifen schneiden und danebenlegen.

Zutaten

Für 3 Personen
Zubereitungszeit
40 Minuten

Für Fleisch & Sauce
1 Chilischote
300 g Kachelfleisch
(vom Schwein;
ca. 3 Stück, vorbe-
stellen; ersatzweise
3 Hähnchenkeulen)
6 EL Sojasauce
Saft von ½ Limette
1 Knoblauchzehe
3 Stängel Koriander-
grün

Für Salat & Chips
1 Zwiebel, 1 Avocado
3 Handvoll jg. Spinat
4 Radieschen
100 g Crème fraîche
2 EL Sherryessig
2 vorwiegend fest-
kochende Kartoffeln

Für die Melone
300 g Wassermelone
3 Stängel Minze

Und sonst noch
Salz und Pfeffer
Olivenöl
Pflanzenöl zum
Frittieren
Grill

Für das Lamm

1 Lammkarree
(mit 6 Knochen;
ggf. vom Metzger
zerlegen lassen)
2 Zweige Thymian
2 Knoblauchzehen
3 EL mittelscharfer
Senf
3 EL Panko-Mehl
(aus dem Asia-Laden)

Für den Salat

2 Schalotten
2 Stängel Petersilie
100 ml Geflügelfond
1 EL mittelscharfer
Senf
2 EL Weißweinessig
4–6 vorgegarte große
lila Kartoffeln (z. B.
Vitelotte oder Blaue
Trüffelkartoffeln)

Für die Salsa

3 EL Pinienkerne
3 Tomaten
2 Zweige Thymian
2 Stängel Basilikum
1 TL Himbeeressig

Und sonst noch

Salz und Pfeffer
Pflanzenöl, Olivenöl

Lammkarree

mit lila Kartoffelsalat
und Tomatensalsa

1. Für das Lamm das Karree in Koteletts trennen (eventuell vom Metzger vorbereiten lassen), mit Salz und Pfeffer würzen. Den Thymian waschen, trocken tupfen und die Blättchen abzupfen. Den Knoblauch schälen und halbieren. Die Koteletts mit dem Knoblauch in einer Pfanne in etwas Öl rundum kurz scharf anbraten. Herausnehmen, jeweils mit 1 TL Senf bestreichen und mit Thymian, je 1 TL Panko und Pfeffer bestreuen. Den Backofengrill vorheizen.

2. Für den Salat die Schalotten schälen und in feine Würfel schneiden. Die Petersilie waschen, trocken tupfen und grob hacken. Die Schalotten in einem Topf in etwas Öl andünsten und mit dem Fond ablöschen, vom Herd nehmen und mit Senf, Essig, Salz und Pfeffer abschmecken. Die Kartoffeln pellen, in Scheiben schneiden und mit dem lauwarmen Dressing mischen. Die Petersilie unterheben und den Salat nochmals mit Salz, Pfeffer und etwas Essig abschmecken.

3. Für die Salsa die Pinienkerne in einer Pfanne ohne Fett leicht anrösten. Herausnehmen und abkühlen lassen. Die Tomaten kreuzweise einschneiden, kurz in heißes Wasser tauchen, herausnehmen und häuten. Die Tomaten in Würfel schneiden, dabei Kerne und Stielansätze entfernen. Die Kräuter waschen, trocken tupfen und fein hacken. Die Tomaten mit Essig und Kräutern mischen und mit Salz und Pfeffer abschmecken. Dann die Pinienkerne unterheben.

4. Die Lammkoteletts zum Servieren unter dem Backofengrill etwa 5 Minuten gratinieren. Auf Tellern den Kartoffelsalat anrichten und die Tomatensalsa danebensetzen, mit etwas Olivenöl beträufeln. Die Lammkoteletts dazulegen und etwas Pfeffer darübermahlen.

Für das Tabouleh
150 ml Hühnerbrühe
100 g Couscous
1 Gurke
1 rote Paprikaschote
je 5 Stängel Petersilie
und Koriandergrün
Saft und abgeriebene
Schale von 1 Bio-
Zitrone

Für die Minzsauce
⅓ Bund Minze
½ Chilischote
2 EL Weißweinessig
6 EL Schnittlauch-
röllchen

Für das Lamm
2 Lammfilets
1 rote Zwiebel
6 Cocktailtomaten
3 Zweige Rosmarin
3 Knoblauchzehen

Und sonst noch
Sonnenblumenöl
Salz und Pfeffer
Butter, Olivenöl
3 Schaschlikspieße

Lammspieße

mit Tabouleh und Minzsauce

1. Für das Tabouleh die Brühe aufkochen und den Couscous in einer Schüssel damit übergießen, 10 Minuten ziehen lassen. Inzwischen die Gurke waschen und erst in dünne Streifen, dann in Würfel schneiden. Die Paprika längs halbieren, entkernen, waschen und in feine Würfel schneiden. Petersilie und Koriander waschen, trocken tupfen und grob hacken. Sobald der Couscous ausgequollen ist, Gemüse und Kräuter untermischen.

2. Für die Minzsauce inzwischen die Minze waschen, trocken tupfen und die Blätter abzupfen. Die Chili längs halbieren, entkernen, waschen. Minze und Chili mit Essig und 100 ml Sonnenblumenöl pürieren. Den Schnittlauch dazugeben und die Sauce mit Salz und Pfeffer abschmecken.

3. Das Lammfilet gegebenenfalls parieren und in grobe Würfel schneiden. Die Zwiebel schälen und vierteln. Die Tomaten waschen. Abwechselnd Lamm, Zwiebel und Tomaten auf die Schaschlikspieße stecken. Die Spieße in einer Pfanne in je 3 EL Butter und Olivenöl bei mittlerer Hitze mit Rosmarin und angedrückten Knoblauchzehen rundum etwa 5 Minuten anbraten. Herausnehmen, mit Salz und Pfeffer würzen und warm halten.

4. Das Tabouleh mit etwas übriger Butter aus der Lammpfanne, Salz, Pfeffer und Zitronensaft abschmecken, dann mit Hilfe eines Anrichterings auf Tellern verteilen. Jeweils 1 Lammspieß darauflegen und die Minzsauce darum herumträufeln. Zuletzt das Lamm mit etwas Zitronenschale bestreuen.

Die Fritteusen-Sabotage

Bei unserem ersten Sommer-Special, das wir auf der Seebühne in Magdeburg drehten, war unter anderem Jan Leyk mit als Gast dabei. Ein lustiger und sehr entspannter Typ – kommt halt auch aus Hamburg ;-)

Wir kochten die Vorspeise gegeneinander, die ich knapp gewinnen konnte. Während des Dessert-Gangs, bei dem es bei mir unter anderem gebackene Erdbeeren geben sollte, kam er seelenruhig mit einem Bier in der Hand zu mir. Wir laberten ein bisschen nebenbei, ich musste mich nämlich mit dem Kochen sputen, und Jan ging irgendwann wieder rüber. Ich hatte die Erdbeeren schon durch den Tempurateig gezogen und wollte sie gerade in die Fritteuse mit Öl geben, als ich merkte, dass mit meinem Öl irgendwas nicht stimmte: Es sprudelte ohne Ende – es sah einfach nicht normal aus.

Ich war natürlich am Rumpöbeln, bis mir ein Verdacht kam: „Ey Jan, sag mal, hast du da was in das Öl geschüttet?" Er grinste mich mit seiner Flasche in der Hand an: „Nöööö, warum?" Da war mir klar, dass er was damit zu tun hatte. Ich also nochmals nachgehakt: „Wirklich nicht?" Er wieder: „Nö." Ich wollte es aber unbedingt wissen: „Schwör auf dein Leben, dass du da nichts reingeschüttet hast!" Da fing er an zu lachen und seine Sabotage flog auf. Ich konnte ihm gar nicht so richtig böse sein, weil er ein echt lustiger Typ ist. Statt gebackener gab es dann gebratene Erdbeeren – und ich hab den Gang trotzdem gewonnen. Der Regisseur hat mir nach der Sendung noch 'nen kleinen Clip gezeigt, in dem man sieht, wie Jan heimlich einen kleinen Schuss Bier in die Fritteuse kippt…

2 Betty

3 Liggi

4 Joerg

6 Martin

7 Roland

8 Ruediger

18:12:20:12
K10

11 RH1

Tunesische Garnelenröllchen

mit Gurkendip

1. Für den Dip die Gurke waschen und grob raspeln (bei Bedarf in einem Sieb etwas ausdrücken). Den Knoblauch schälen, fein hacken und mit den Gurkenraspeln unter den Joghurt mischen. Mit Zitronensaft, Salz und Pfeffer abschmecken.

2. Für die Röllchen die Garnelen waschen, trocken tupfen und in kleine Würfel schneiden. Die Zucchini putzen, waschen und in feine Würfel schneiden. Die Schalotte schälen und in feine Würfel schneiden. Die Petersilie waschen, trocken tupfen und fein hacken.

3. Zucchini und Schalotte in 1 EL Olivenöl kross anbraten. Die Garnelen dazugeben, den Thunfisch abtropfen lassen und untermischen. Die Garnelen-Thunfisch-Mischung in eine Schüssel füllen, Ingwer und Petersilie hinzufügen und alles mit Soja- und Kimchi-Sauce abschmecken. Zuletzt das Ei in einer kleinen Schüssel verquirlen und unter die Mischung heben.

4. Reichlich Öl in einer Fritteuse oder einem großen Topf erhitzen. Die Filoteig-Blätter in 3 Quadrate (à ca. 15 x 15 cm; Rest anderweitig verwenden) schneiden. Jeweils ein Drittel der Füllung mittig auf 1 Filoteig-Blatt setzen und dieses locker nach innen falten oder aufrollen. Die Ränder mit dem verquirlten Eiweiß bestreichen und fest zusammendrücken.

5. Die Garnelenröllchen im Öl knusprig ausbacken. Herausnehmen und auf Küchenpapier abtropfen lassen. Auf Tellern mittig den Gurkendip anrichten, daneben jeweils 1 Garnelenröllchen setzen.

Zutaten

Für 3 Personen
Zubereitungszeit
50 Minuten

Für den Dip
½ Salatgurke
2 Knoblauchzehen
100 g Sahnejoghurt
Saft von ½ Zitrone

Für die Röllchen
5 große Garnelen
(geschält und
gesäubert)
1 kleine Zucchini
(ca. 100 g)
1 Schalotte
4 Stängel Petersilie
oder Koriandergrün
½ Dose Thunfisch
(ca. 70 g)
1 EL geriebener
Ingwer
1 TL Sojasauce
1 TL Kimchi-Sauce
(aus dem Asia-Laden;
ersatzweise scharfe
Chilisauce)
1 Ei
3 Blätter Filo- oder
Yufka-Teig (aus dem
türkischen Laden)
1 Eiweiß zum
Bestreichen

Und sonst noch
Salz und Pfeffer
Olivenöl
Pflanzenöl zum
Frittieren

Für 3 Personen
Zubereitungszeit
35 Minuten

Für die Avocado
1 ½ Avocados
1 rote Zwiebel
6 Stängel Koriander-
grün
Saft von 1 Zitrone
2 EL Zitronenolivenöl
Kerne von ½ Granat-
apfel

Für die Sauce
1 cm Chilischote
75 g Sahnejoghurt
75 g Crème fraîche
2 EL Sojasauce

Für Brot & Lachs
1 Scheibe Graubrot
300 g Lachsfilet
(mit Haut)

Und sonst noch
Salz und Pfeffer
Olivenöl
Grill und 1 gewässer-
tes Kirschholzbrett
(ersatzweise Zedern-
oder Buchenholz,
aus der Grillabteilung,
2–3 Std. wässern),
1 Sprühflasche mit
Wasser

Lachs von der Planke

mit gegrillter Avocado und Röstbrot

1. Die Avocados bei Bedarf halbieren, entkernen und alle 3 Hälften mit der Schale auf der Schnittseite grillen. Vom Grill nehmen und beiseitestellen. Für die Vinaigrette die Zwiebel schälen und in feine Würfel schneiden. Den Koriander waschen, trocken tupfen und fein hacken. 1 EL Koriander zum Garnieren beiseite-legen, den Rest mit etwas Zitronensaft und dem Zitronenolivenöl verrühren. Zwiebelwürfel und Granatapfelkerne unterrühren und die Vinaigrette mit Salz und Pfeffer abschmecken.

2. Für die Sauce die Chili längs halbieren, entkernen, waschen und fein hacken. Den Joghurt mit Crème fraîche und der gehackten Chili verrühren und mit Sojasauce abschmecken. So viel Wasser untermischen, dass eine cremig-flüssige Sauce entsteht.

3. Für das Röstbrot das Brot mit etwas Olivenöl beträufeln und beidseitig grillen. Das gewässerte Brett auf dem Grill erwärmen, bei Bedarf die Kohle unter dem Brett entfernen und an die Ränder des Kohlenrosts schieben (Vorsicht: Falls das Brett Feuer fängt, sofort mit Wasser besprühen und löschen!).

4. Das Lachsfilet waschen, trocken tupfen und auf dem Brett oder Grillrost zuerst auf der Fleischseite 1–2 Minuten grillen. Dann mit der Hautseite auf das Brett legen und im geschlossenen Kugelgrill etwa 3 Minuten garen. Anschlie-ßend Lachs und Brett mit Alufolie abdecken und den Fisch ganz am Rand des Grillrosts noch kurz ruhen lassen.

5. Die Avocadohälften jeweils mittig auf Teller legen und etwas Zwiebel-vinaigrette daraufsetzen. Daneben je ein Drittel der Brotscheibe legen und mit dem gezupften Lachs bedecken. Mit dem beiseitegelegten Koriander bestreuen und mit der Joghurtsauce beträufeln.

Für den Gazpacho
200 g Cocktailtomaten
300 g Erdbeeren
50 g Salatgurke
1 cm mittelscharfe
Chilischote
1 Maracuja
Chilipulver
200 ml Mineralwasser
(mit Kohlensäure)
1 Ei
50 g Panko-Mehl
(aus dem Asia-Laden)
6 Stängel Koriander-
grün
50 g Shiso-Kresse
(ersatzweise
Gartenkresse)

Für die Garnelen
3 Carabineros
(rote Riesengarnelen;
ersatzweise normale
Garnelen)
1 Knoblauchzehe
⅓ Bund Thymian

Und sonst noch
Salz und Pfeffer
Zucker, Olivenöl
Pflanzenöl zum
Frittieren, Mehl, Butter

Erdbeer-Gazpacho

mit Maracuja und gebratener Garnele

1. Für den Gazpacho die Tomaten waschen. Die Erdbeeren putzen, waschen und 6 schöne Exemplare zum Panieren beiseitestellen, den Rest in den Standmixer geben. Die Gurke schälen und in Würfel schneiden. Die Chili längs halbieren, entkernen, waschen und fein hacken. Die Maracuja halbieren und die Hälfte des Marks mit Tomaten, Gurke und Chili in den Mixbecher zu den Erdbeeren dazugeben. Alles fein pürieren und mit Chilipulver, wenig Salz und Pfeffer und – je nach Süße der Erdbeeren – mit 1 Prise Zucker würzen. Zuletzt mit dem Mineralwasser und 50 ml Olivenöl mischen, bis zum Servieren kühl stellen.

2. Zum Panieren reichlich Öl in einer Fritteuse oder einem großen Topf erhitzen. Mehl, Ei und Panko-Mehl jeweils separat in tiefe Teller geben. Die beiseitegestellten Erdbeeren nacheinander in Mehl, verquirltem Ei und Panko wenden und im Öl ausbacken, dabei ab und zu wenden. Herausnehmen und auf Küchenpapier abtropfen lassen. Den Koriander waschen, trocken tupfen und fein hacken. Die Shiso-Kresse waschen und trocken tupfen.

3. Die Garnelen waschen und trocken tupfen. Die Köpfe abtrennen und nach Belieben in einer Pfanne in Öl kross ausbacken. Den Körper längs in der Mitte aufschlitzen, entdarmen und zu den Seiten hin aufklappen. Die Garnelen auf der Panzerseite in etwas Olivenöl mit der halbierten Knoblauchzehe und den Thymianzweigen etwa 4 Minuten anbraten. Dann 50 g Butter hinzufügen und aufschäumen. Die Garnelen auf die Fleischseite drehen und leicht anbräunen, wieder vom Herd nehmen.

4. Die kalte Suppe nach Belieben nochmals mit dem Stabmixer aufschäumen und auf Bowls oder tiefe Teller verteilen. Jeweils mit Kresse, Koriander und etwas restlichem Maracujamark toppen. Auf den Teller darunter seitlich je 1 Garnele, etwas gebratenen Thymian, 2 frittierte Erdbeeren und nach Belieben 1 Garnelenkopf anrichten.

Loup de Mer vom Grill

mit Guacamole

1. Das Fischfilet waschen und 3 etwa 100 g schwere Tranchen abschneiden. Weitere 200 g Fischfilet von der Haut lösen, in feine Würfel schneiden und bis zur Verwendung kühl stellen.

2. Für die Guacamole die Chili längs halbieren, entkernen, waschen und fein hacken. Den Koriander waschen, trocken tupfen und fein hacken. Die Avocados halbieren, entkernen, schälen und zerdrücken. Dann mit gehackter Chili, Koriander, der Hälfte des Zitronensafts, ½ TL Salz und Pfeffer würzen. Die Tomate halbieren, die Hälften mit der Hand ausdrücken und den Saft mit 1 Schuss Olivenöl unter die Avocadocreme rühren.

3. Für die Würzbutter den Thymian waschen und trocken tupfen. 100 g Butter in einem kleinen Topf mit Thymian und geschältem Knoblauch zerlassen und auf der ausgeschalteten Herdplatte durchziehen lassen.

4. Für das Fischtatar die Petersilie waschen, trocken tupfen und fein hacken. Die kühl gestellten Fischwürfel mit übrigem Zitronensaft, etwas Olivenöl, Salz und Petersilie mischen. Die gekühlten Fischtranchen auf der Hautseite mit 2 EL Mehl bestäuben und zuerst auf der Fleischseite auf dem Feuerfass oder einer Grillplatte etwa 10 Minuten grillen.

5. Zum Servieren das Fischtatar mit Hilfe eines Anrichterings (5 cm Durchmesser) mittig auf Teller setzen. Daneben etwas Guacamole und je 1 Fischfilet anrichten, den gegrillten Fisch mit der flüssigen Würzbutter beträufeln.

Zutaten

Für 3 Personen
Zubereitungszeit
30 Minuten

Für den Fisch
600 g Loup de Mer
(Wolfsbarsch; mit
Haut; ersatzweise
Forellen- oder
Lachsfilet)
2 Stängel Petersilie

Für die Guacamole
1 cm Chilischote
2 Stängel Koriander-
grün
2 reife Avocados
Saft von 1 Zitrone
1 reife Tomate

Für die Würzbutter
4 Zweige Thymian
2 Knoblauchzehen

Und sonst noch
Salz und Pfeffer
Olivenöl
Butter, Mehl
Feuerfass (ersatzweise
Kugelgrill)

Zutaten

**Für 3 Personen
Zubereitungszeit
30 Minuten**

Für den Salat
1 Salatgurke
100 g Crème fraîche
1 EL geh. Dill
1 EL Sojasauce
1 EL Walnussöl

Für die Flusskrebse
9 gegarte Flusskrebse
(mit Schalen; ersatz-
weise gegarte und
geschälte Garnelen)
50 ml Weißwein
100 ml Fisch- oder
Gemüsefond
100 g Sahne

Für die Mango
1 reife Mango
1 haselnussgroßes
Stück Ingwer
Mark von 1 Vanille-
schote
Chilipulver

Und sonst noch
Salz und Pfeffer
Butter

Flusskrebse

mit Gurkensalat und Mango

1. Für den Salat die Gurke schälen und längs halbieren. Über einer großen Schüssel die Hälften jeweils mit dem Sparschäler von außen nach innen längs in breite Streifen schneiden, sodass nur das Kerngehäuse übrig bleibt, dieses entfernen. Die Crème fraîche glatt rühren, den Dill unterrühren und das Dressing mit Sojasauce und Walnussöl abschmecken. Die Gurkenstreifen mit den Händen kräftig ausdrücken, mit dem Dressing mischen, mit Salz und Pfeffer abschmecken.

2. Die Flusskrebse von den Schalen und vom Darm befreien, waschen und trocken tupfen. Die Garnelen beiseitestellen, die Schalen in einem Topf in 2 EL Butter andünsten, mit Wein und Fond ablöschen. Nach 5 Minuten die Sahne dazugeben und alles 2–3 Minuten kräftig kochen lassen. Die Krustentiersauce durch ein Sieb in einen kleinen Topf gießen und weiter einkochen lassen, die Schalen entfernen.

3. Die Mango schälen und in feine Würfel schneiden. In einer Pfanne 100 g Butter zerlassen. Den Ingwer schälen und hineinreiben, Vanillemark und Mango- würfel hinzufügen. Die Flusskrebse kurz durch die Mangobutter ziehen, dabei etwas Temperatur annehmen lassen und mit Salz und 1 Prise Chili abschmecken.

4. Auf Tellern den Gurkensalat anrichten und die Flusskrebse danebensetzen. Mit Mangowürfeln und je 1 Dillspitze toppen. Die Krustentiersauce mit Salz und Pfeffer abschmecken, mit dem Mixer aufschäumen und darüberträufeln.

Im Wok geräucherte Lachsforelle

mit Rösti und Ei

Zutaten

Für 3 Personen
Zubereitungszeit
50 Minuten

Für die Lachsforelle
200 g Räuchermehl
(aus dem Grillbedarf)
2 Lachsforellenfilets
(à ca. 80 g; mit Haut)

Für den Gurkensalat
1 kleine Gurke
2 Stängel Dill
3 EL Crème fraîche
2 EL Zitronensaft

Für die Rösti
2 große mehlig-
kochende Kartoffeln
(ca. 350 g)
evtl. 1 EL Kartoffel-
stärke

Für die Eier
3 EL Weißweinessig
3 Eier

Und sonst noch
Salz und Pfeffer
Pflanzenöl
Wok mit passendem
Gittereinsatz und
Deckel

1. Für die Lachsforelle das Räuchermehl im Wok erhitzen, dabei ein- oder zweimal vorsichtig rühren. Inzwischen die Fischfilets waschen und trocken tupfen.

2. Für den Gurkensalat die Gurke schälen, längs halbieren und das Kerngehäuse entfernen. Dann die Gurkenhälften in feine Würfel schneiden. Den Dill waschen, trocken tupfen und fein hacken. Die Gurken mit Crème fraîche mischen und mit Zitronensaft, Salz, Pfeffer und Dill abschmecken.

3. Für die Rösti die Kartoffeln schälen, grob raspeln und in ein Sieb geben. Das Kartoffelwasser aus den Kartoffeln herauspressen und die Masse mit Salz und Pfeffer würzen. Falls die Kartoffeln zu feucht sind, noch 1 EL Kartoffelstärke unterrühren. 1–2 EL Öl in einer Pfanne erhitzen und darin 3 Rösti ausbacken. Herausnehmen und auf Küchenpapier abtropfen lassen, warm halten.

4. Für die Eier in einem Topf 1,5 l Wasser mit dem Essig aufkochen. Mit einem Schneebesen einen Strudel im Essigwasser erzeugen, die Eier zum Pochieren aufschlagen und mit der Schöpfkelle nach und nach ins rotierende Wasser setzen. Die Eier 4 Minuten pochieren, herausnehmen und abtropfen lassen.

5. Das Räuchermehl im Wok anzünden, sodass es an der ganzen Oberfläche brennt. Die Forellenfilets auf der Hautseite auf dem Gittereinsatz im Wok in den Räucherdampf legen. Den Wok vom Herd nehmen und die Lachsforelle darin zugedeckt 4 Minuten ziehen lassen. Anschließend die Filets aus dem Rauch nehmen, der Länge nach teilen, von der Haut befreien und in Würfel schneiden. Mit Salz und Pfeffer würzen.

6. Zum Servieren auf Tellern mittig jeweils 1 Rösti anrichten und einige Fischwürfel und 1 pochiertes Ei daraufsetzen. Den Gurkensalat darüber verteilen.

Haupt-speisen

Für 3 Personen
Zubereitungszeit
55 Minuten

Für den Salat
1 ½ Avocados
2 Handvoll jg. Spinat
125 g Himbeeren
je 1 EL geraspelter
roter und grüner
Granny-Smith-Apfel
2 EL Sherryessig

Für das Hähnchen
6 Hähnchenschenkel
(à ca. 180 g)
½ TL Paprikapulver
edelsüß
2 EL Teriyaki-Sauce
(aus dem Asia-Laden)
2 EL Sesamöl

Für Pilze & Pommes
1 Schalotte
100 g Buchen- oder
Austernpilze
4 Stängel Petersilie
4 vorwiegend fest-
kochende Kartoffeln

Und sonst noch
Olivenöl
Salz und Pfeffer
Zucker, Butter
Pflanzenöl zum
Frittieren

Chicken Lolly Pops

mit Pommes und Apfelsalat

1. Für den Salat die Avocados halbieren und die Kerne entfernen. Die Hälf-ten schälen und in kleine Würfel schneiden. Den Spinat verlesen, waschen und trocken tupfen, grob in Stücke zupfen. Die Himbeeren verlesen, waschen und trocken tupfen. Für das Dressing die geraspelten Äpfel mit 1 EL Essig und 2 EL Olivenöl mischen und alles mit Avocado, Spinat und Himbeeren mischen, mit Salz und Pfeffer würzen.

2. Für das Hähnchen den Backofen auf 200 °C (Ober- und Unterhitze) vor-heizen. Die Schenkel nach Belieben im Gelenk halbieren. Den Knochen freilegen und das Fleisch nach oben Richtung Gelenk schieben, sodass einen Art Lolly Pop entsteht. Waschen und trocken tupfen. Mit ¼ TL Salz, Pfeffer, Paprika und 1 TL Zu-cker würzen und in einer Pfanne in Öl rundum kross anbraten. Teriyaki-Sauce und Sesamöl dazugeben. Dann die Hähnchenschenkel herausnehmen und in einer ofenfesten Form im Ofen noch 15–20 Minuten kross garen, warm halten.

3. Für die Pilze die Schalotte schälen und fein würfeln. Die Pilze putzen und trocken abreiben. Schalotte in etwas Butter andünsten, Pilze hinzufügen und 3 Minuten dünsten. Petersilie waschen, trocken tupfen und fein hacken, zu den Pilzen geben. Alles grob durchschwenken und mit Salz und Pfeffer würzen.

4. Für die Pommes reichlich Öl in einer Fritteuse oder einem großen Topf erhitzen. Die Kartoffeln schälen, in feine Stifte hobeln oder schneiden und mit Küchenpapier trocken tupfen. Die Kartoffelstifte im Öl frittieren, mit einem Schaumlöffel herausheben und auf Küchenpapier abtropfen lassen.

5. Den Salat mit den Pilzen auf Teller verteilen. Daneben je 1 Chicken-Lolly-Pop legen. Die Pommes frites mit Salz und Pfeffer würzen und ebenfalls anrichten. Dazu passt eine Mayonnaise – am besten selbst gemacht (siehe S. 29, das Rezept aber statt mit Vanille mit 1 TL mittelscharfem Senf, etwas Sojasauce und 1 Msp. Sambal Oelek und etwas Zitronensaft würzen).

Maispoulardenbrust

mit Aprikosenkruste und Pilzragout

1. Für die Poularde den Backofen auf 160°C (Ober- und Unterhitze) vorheizen. Die Brustfilets vom Knochen schneiden und die Haut vorsichtig ablösen, alles waschen und trocken tupfen. Die Schalotte schälen, in Scheiben schneiden und mit den Flügeln und Knochen in einem Topf ohne Fett anrösten. Den Saucenansatz mit Brühe und Wein ablöschen, den Honig dazugeben und alles auf ein Viertel einkochen lassen. Inzwischen die Poulardenbrüste mit Salz und Pfeffer würzen und in einer Pfanne in etwas Öl rundum scharf anbraten. Dann in einer ofenfesten Form im Ofen noch 8–10 Minuten nachziehen lassen, herausnehmen und warm halten. Den Backofengrill vorheizen.

2. Für die Rösti die Kartoffeln schälen, waschen und grob raspeln. Die Raspel mit Salz, Pfeffer und 1 Prise Muskatnuss abschmecken. In etwas Öl bei mittlerer Hitze 1 große Rösti ausbacken, warm halten.

3. Für das Pilzragout die Kräuterseitlinge putzen und in grobe Stücke schneiden. Zwiebel und Knoblauch schälen und mit dem Speck in kleine Würfel schneiden. Alles mit den Pilzen in einer Pfanne in 1 EL Öl etwa 5 Minuten dünsten. Mit Salz und Pfeffer abschmecken, warm halten.

4. Für die Kruste den Thymian waschen, trocken tupfen und fein hacken. Aprikosensauce, Panko und Thymian verrühren und mit Salz und etwas Chili abschmecken. Die Poulardenbrüste mit der Masse bestreichen und unter dem Backofengrill etwa 5 Minuten hell gratinieren. Herausnehmen und warm halten.

5. Den Saucenansatz durch ein Sieb in einen kleinen Topf passieren und Flügel und Knochen entfernen. Die Sauce noch etwas einkochen lassen, mit Salz, Pfeffer und etwas Honig abschmecken. Zuletzt die kalte Butter in Würfeln nach und nach unterrühren. Das Pilzragout mittig auf Teller verteilen. Die Rösti in 6 Dreiecke schneiden und auf jeden Teller 2 Dreiecke setzen. Die Brustfilets schräg in Tranchen schneiden und darauf verteilen. Mit der Sauce beträufeln.

Zutaten

Für 3 Personen
Zubereitungszeit
1 Stunde 10 Minuten

Für Poularde & Kruste
3 halbe Maispoulardenbrüstchen am Knochen mit Flügeln (ersatzweise Hähnchenbrustfilets)
1 Schalotte
100 ml Hühnerbrühe
50 ml Rotwein
1 EL Honig
2 Zweige Thymian
4 EL Aprikosen-Chili-Sauce (ersatzweise Aprikosenkonfitüre)
3 EL Panko-Mehl (aus dem Asia-Laden)
Chilipulver
50 g kalte Butter

Für Rösti & Pilze
3 mehligkochende Kartoffeln
frisch geriebene Muskatnuss
300 g Kräuterseitlinge
1 rote Zwiebel
2 Knoblauchzehen
50 g durchwachsener Speck (am Stück)

Und sonst noch
Salz und Pfeffer
Pflanzenöl

Chicken Light Soup

mit Fufu

1. Für die Suppe den Backofen auf 100 °C (Ober- und Unterhitze) vorheizen. Die Hähnchenschenkel waschen und trocken tupfen. Jeweils im Gelenk halbieren und die Oberschenkel vom Knochen befreien, dabei die Haut von allen Hähnchenstücken abziehen und beiseitelegen.

2. Ingwer und Knoblauch schälen und fein reiben. Die Zwiebel schälen, in feine Würfel schneiden und mit der Hälfte des Ingwers und Knoblauchs in einem Topf in etwas Öl goldbraun rösten. Tomatenmark dazugeben und kurz mitrösten. Unterschenkel hinzufügen und mit den Dosentomaten samt Saft ablöschen.

3. Die frischen Tomaten waschen und achteln, dabei die Stielansätze entfernen, ebenfalls dazugeben. Den Sellerie putzen, waschen, trocken tupfen und in feine Würfel schneiden, etwas Grün zum Garnieren beiseitelegen. Die Kräuter waschen, trocken tupfen und fein hacken. Beides zur Tomatensuppe hinzufügen. Mit den Gewürzen abschmecken und alles zugedeckt 15 Minuten garen.

4. Inzwischen die Hähnchenoberschenkel mit restlichem Ingwer, Knoblauch und Sambal Oelek rundum würzen. Kurz in einer weiteren Pfanne in etwas Öl anbraten. In einer ofenfesten Form im Ofen etwa 10 Minuten gar ziehen lassen.

5. Für den Fufu Instant-Kartoffelpüree und Speisestärke in einem Topf in etwas Öl etwa 1 Minute anrösten und nach und nach die Brühe unterrühren. Vom Herd nehmen, mit 1 Prise Muskatnuss, Salz und Pfeffer würzen und alles zu einer festen Masse verrühren, warm halten.

6. Zum Servieren die Hühnerhaut in einer Fritteuse in reichlich Öl knusprig ausbacken. Herausnehmen, auf Küchenpapier abtropfen lassen und salzen. Den Fufu in Schälchen verteilen, daneben eine Bowl mit Suppe samt Unterschenkeln setzen. In die Suppe je 1 Oberschenkel legen und mit der krossen Haut und beiseitegelegtem Selleriegrün toppen.

Zutaten

Für 3 Personen
Zubereitungszeit
1 Stunde 15 Minuten

Für die Suppe
3 Hähnchenschenkel
(à ca. 200 g)
6 cm Ingwer
6 große Knoblauch-
zehen, 1 Zwiebel
1 EL Tomatenmark
1 kleine Dose (200 g)
geschälte Tomaten
4 kleine Tomaten
100 g Staudensellerie-
spitzen
je 1 Zweig Rosmarin
und Thymian
gemahlener Kreuz-
kümmel
Currypulver
1 Msp. Sambal Oelek

Für den Fufu
1 Packung Instant-
Kartoffelpüree
(für 3 Portionen)
50 g Speisestärke
200 ml Hühnerbrühe
frisch geriebene
Muskatnuss

Und sonst noch
Sonnenblumenöl
Salz und Pfeffer
Pflanzenöl zum
Frittieren

Zutaten

Für 3 Personen
Zubereitungszeit
1 Stunde 15 Minuten

Für Püree & Kohl
1 kleiner Knollen-
sellerie
1 Zwiebel
50 ml Weißwein
200 g Sahne
100 ml Gemüsebrühe
1 Spritzer Sesamöl
1 Blumenkohl
60 g Panko-Mehl
(aus dem Asia-Laden)
12 Zweige Thymian

Für die Ente
1 Ente (küchenfertig;
ggf. vom Metzger
zerlegen lassen)
1 Gemüsezwiebel
2 Knoblauchzehen
300 ml Rotwein
2 EL Honig
1 TL Sojasauce
Chilipulver
abgeriebene
Schale und Saft von
½ Bio-Orange
30 g Nuss-Nougat-
Masse
1 EL Preiselbeergelee

Und sonst noch
Butter
Salz und Pfeffer
Zucker
Pflanzenöl

Entenbrust
mit Blumenkohl und Nougatsauce

1. Für das Püree den Sellerie vierteln, schälen und in Scheiben schneiden. Die Zwiebel schälen, in feine Würfel schneiden und in einem Topf in wenig Butter mit dem Sellerie anrösten. Mit 1 TL Salz und 1 Prise Zucker würzen, Wein, Sahne und Brühe dazugießen. Den Sellerie zugedeckt in etwa 15 Minuten weich garen. Dann fein pürieren, mit Sesamöl und Salz abschmecken, warm halten.

2. Für den Blumenkohl inzwischen den Kohl putzen, waschen, die Röschen abtrennen und in Salzwasser bissfest garen. In einem Topf 100 g Butter zerlassen und das Panko-Mehl darin unter Rühren anrösten. Den Thymian waschen, trocken tupfen, fein hacken und hinzufügen, beiseitestellen. Den Blumenkohl abgießen und abtropfen lassen, zum Servieren in 50 g Butter goldbraun rösten.

3. Für die Ente den Backofen auf 140 °C (Ober- und Unterhitze) vorheizen. Die Ente innen und außen kalt waschen und zerlegen (eventuell vom Metzger vorbereiten lassen). Die Entenbrustfilets parieren und die Haut mehrmals schräg einritzen. Die Filets in einer ofenfesten Pfanne in wenig Fett auf der Haut bei mittlerer Hitze anbraten, vom Herd nehmen.

4. Für den Saucenansatz die Schenkel grob hacken und in einer Pfanne in Öl anrösten. Die Zwiebel und den Knoblauch schälen, grob schneiden und dazugeben. Alles mit Rotwein aufgießen und zugedeckt 20 Minuten köcheln lassen. Das ausgetretene Fett von den Entenbrustfilets ebenfalls zum Saucenansatz mit den Schenkeln geben.

5. Die Entenbrustfilets mit der Hautseite nach oben in einer ofenfesten Form im Ofen noch 15–20 Minuten *medium* durchgaren. Den Honig mit Sojasauce und 1 Prise Chili mischen und die Entenbrustfilets im Ofen mit der Mischung kurz vor Ende der Garzeit lackieren.

6. Orangenschale und -saft zum Saucenansatz geben und alles auf ein Drittel einkochen lassen. Die Sauce durch ein Sieb in einen kleinen Topf gießen, Nougat und Preiselbeeren hinzufügen und den Nougat in der Sauce unter Rühren auflösen. Zuletzt mit Sojasauce, Pfeffer und Rotwein abschmecken.

7. Zum Servieren die Entenbrustfilets schräg aufschneiden. Auf Tellern Selleriepüree und Blumenkohl anrichten, den Blumenkohl mit den Semmelbröseln bestreuen. Die Entenbrust daraufsetzen und alles mit Sauce beträufeln.

Wachteln

mit Bratkartoffeln, Nudeln und Bohnen

1. Für die Bratkartoffeln die Drillinge waschen und mit Schale in kochendem Wasser etwa 20 Minuten weich garen. Zum Servieren die gekochten Drillinge halbieren und in der Pfanne in etwas Öl anbraten.

2. Für die Sauce zu den Wachteln inzwischen die Zwiebel schälen, in Würfel schneiden und in einem Topf in etwas Öl andünsten. Möhre und Sellerie schälen, in Würfel schneiden und dazugeben. Den Lauch halbieren, waschen, in dünne Ringe schneiden und zum Saucenansatz geben. Das Tomatenmark hinzufügen und anrösten. Mit Rotwein und Fond ablöschen und alles noch etwa 15 Minuten köcheln lassen, dann vom Herd nehmen.

3. Die Bohnen putzen, waschen und halbieren. In Salzwasser 3 bis 4 Minuten blanchieren, in ein Sieb abgießen und eiskalt abschrecken. Die Nudeln nach Packungsanleitung bissfest garen, in ein Sieb abgießen und abtropfen lassen. Bohnen und Nudeln beiseitestellen.

4. Für die Wachteln den Backofen auf 120 °C (Ober- und Unterhitze) vorheizen. Von den Wachteln Keulchen und Brustfilets auslösen (eventuell vom Metzger vorbereiten lassen). Keulen und Brustfilets mit Salz und Pfeffer würzen und mit Mehl bestäuben. In einer Pfanne in etwas Öl rundum kurz anbraten, danach in einer ofenfesten Form im Ofen warm halten.

5. Die Kartoffel schälen, grob raspeln und den Saucenansatz damit binden, dabei alles wieder erhitzen. Die Kräuter waschen, trocken tupfen und fein hacken. Den Bratsaft vom Anbraten der Wachtelstücke in den Saucenansatz geben, die Kräuter hinzufügen und alles mit je 1 Prise Melange Noir und Nelken würzen. Die gekochten Nudeln untermischen. Die Pilze putzen, in Scheiben schneiden und mit den Bohnen zu Sauce und Nudeln hinzufügen. In der Wachtelpfanne 100 g Butter aufschäumen.

6. In tiefen Tellern zuerst die Nudeln und Bohnen anrichten, darauf die Wachtelstücke und die Bratkartoffeln setzen. Zuletzt etwas Butter aus der Pfanne darüberträufeln.

Zutaten

Für 3 Personen
Zubereitungszeit
1 Stunde

Für die Kartoffeln
200 g Drillinge
(kleine Kartoffeln)

**Für Wachteln &
Sauce**
1 Zwiebel, 1 Möhre
⅛ Knollensellerie
½ Stange Lauch
1 EL Tomatenmark
100 ml Rotwein
100 ml Geflügelfond
3 Wachteln (ggf. vom
Metzger zerlegt; oder
3 Hähnchenbrust-
filets)
1 mittelgroße mehlig-
kochende Kartoffel
2 Zweige Thymian
3 Stängel Petersilie
etwas Melange Noir
(schwarzer Pfeffermix)
gemahlene Nelken

**Für Bohnen &
Nudeln**
100 g Stangenbohnen
120 g Cavatelli-Pasta
100 g Champignons

Und sonst noch
Pflanzenöl
Salz und Pfeffer
Mehl, Butter

„The Time of My Life" mit Senna Gammour

Die letzten fünf Jahre hatte ich jedes Jahr eine Anfrage von „Let's Dance" bei mir im Briefkasten. Und obwohl ich gerne neue Sachen ausprobiere, muss ich sagen, dass ich fürs Tanzen einfach nicht geschaffen bin. Trotzdem kam ich in den Genuss, mich einmal von Herrn Llambi bewerten zu lassen – und das hatte wiederum mit meinem Gast Senna Gammour zu tun. Mir war nämlich zu Ohren gekommen, dass sie gerne mal zu „Let's Dance" gehen würde. Und so entstand die Idee, dass wir zwischen den Gängen ein Tänzchen zusammen wagen – natürlich vor den Augen Llambis, der ebenfalls in der Sendung war.

Ich hab dann eine Stunde Tanztraining bekommen, nochmals zwei Stunden mit meinem Trainer geprobt und muss sagen, dass es sich am Ende gar nicht so schlecht angefühlt hat. Am Tag danach – der Tag der Aufzeichnung – hatten Senna und ich nochmals eineinhalb Stunden gemeinsames Training. Was soll ich sagen? Das war echt lustig. Wir hatten uns überlegt, zu „The Time of My Life" aus dem Film „Dirty Dancing" zu glänzen. Ich glaub, wir sollten einen Rumbaschritt tanzen. Erst haben wir den in einem Nebenraum geübt und schließlich bei der Generalprobe im Studio.

Schließlich war der Moment in der Sendung da und als die Musik ertönte, wusste ich, jetzt musst du den Johnny Castle machen. Ich bin ehrlich: Es gelang mir eher so lala und als wir fertig waren, ging Llambi an die Wertungskarten. Er gab Senna eine Acht, aber Senna hat auch echt gut getanzt. Die hat wirklich Rhythmus im Blut. Zu mir meinte er: „Unten rum … tote Hose. Aber du hattest Spaß und für den Spaß kriegst du dann – ach komm, ich bin heute großzügig –, es gibt drei Punkte." Ich gehe davon aus, dass sich die Anfragen von „Let's Dance" damit erledigt haben.

Zutaten

Für 3 Personen
Zubereitungszeit
1 Stunde

Für den Salat
⅓ Spitzkohl (ca. 300 g)
6 Scheiben Speck
10 Stängel Schnitt-
lauch
2 EL Weißweinessig
⅓ TL gemahlener
Kümmel
abgeriebene Schale
und Saft von
½ Bio-Orange

Für die Maultaschen
1 Schalotte
150 g jg. Spinat
⅓ Bund Petersilie
1 Zweig Majoran
250 g Hackfleisch
halb und halb
1 Ei, frisch geriebene
Muskatnuss
300 g fertiger Nudel-
oder Maultaschenteig
(aus dem Kühlregal)
1 Eigelb zum
Bestreichen
700 ml Rinderbrühe
1 kleine Gemüse-
zwiebel

Und sonst noch
Salz und Pfeffer
Butter
Pflanzenöl
Olivenöl

Maultaschen
mit Spitzkohlsalat

1. Für den Salat den Spitzkohl putzen, waschen und in dünne Streifen schneiden oder hobeln. 1 TL Salz unter die Kohlstreifen kneten, dann beiseitestellen.

2. Für die Maultaschen die Schalotte schälen und in feine Scheiben schnei-
den. Den Spinat verlesen und waschen. Die Schalotten in 40 g Butter andünsten.
Sobald sie Farbe angenommen haben, den Spinat dazugeben und zusammen-
fallen lassen. Alles in ein Sieb abgießen, leicht abkühlen lassen und ausdrücken.
Petersilie und Majoran waschen, trocken tupfen und getrennt fein hacken. Die
Hälfte der Petersilie zum Hackfleisch geben, mit Spinat-Zwiebel-Mischung und
Ei verkneten. Die Masse mit Salz, Pfeffer, Muskatnuss und Majoran würzen.

3. Den Nudelteig in etwa 12 Rechtecke (ca. 10 x 20 cm) schneiden. Auf jedes
Teigrechteck 1 EL Füllung verstreichen, dabei die Ränder frei lassen und mit dem
verquirlten Eigelb bestreichen. Dann jedes Teigrechteck von der Längsseite her
aufrollen und die Ränder gut festdrücken. Die Brühe in einem Topf erhitzen und
die Maultaschen darin portionsweise etwa 10 Minuten garen. Mit einem Schaumlöffel vorsichtig herausnehmen und abtropfen lassen, warm halten.

4. Den Speck in Streifen schneiden und in einer Pfanne in 2 EL Öl knusprig auslassen. Den Schnittlauch waschen, trocken tupfen und in feine Röllchen
schneiden. Den Krautsalat nochmals kräftig durchkneten, dann den ausgetre-
tenen Saft abgießen. Das Kraut mit Schnittlauch, übriger Petersilie und Speck
mischen. Mit Essig, 1 EL Olivenöl, Kümmel, Orangenschale und -saft würzen.

5. In einem kleinen Topf 50 g Butter zerlassen und leicht bräunen. Die
Gemüsezwiebel schälen, in dünne Halbringe schneiden und in der braunen
Butter kurz dünsten. Die Maultaschen in einer weiteren Pfanne in 50 g Butter
rundum braun anrösten. Die Brühe in tiefe Teller verteilen und je 4 Maultaschen
hineinsetzen. Mit Muskatnuss bestreuen. Die gebräunten Zwiebelringe darüber
verteilen und mit je 1 EL brauner Butter beträufeln. Den Krautsalat dazu reichen.

Für 3 Personen
Zubereitungszeit
30 Minuten

Für die Buletten
1 altbackenes
Brötchen
⅓ Bund Petersilie
1 Gemüsezwiebel
400 g Hackfleisch
halb und halb
1 EL mittelscharfer
Senf, 1 Ei
1 TL Paprikapulver
edelsüß
Chilipulver
100 g Sahne
100 ml Weißwein
50 g kalte Butter
½ TL körniger Senf
abgeriebene
Bio-Zitronenschale

**Für Gemüse &
Stampf**
3 Möhren
10 Stängel Schnitt-
lauch, Chilipulver
100 ml Milch
500 g gegarte mehlig-
kochende Kartoffeln
frisch geriebene
Muskatnuss

Und sonst noch
Pflanzenöl
Salz und Pfeffer
Butter, Zucker

Berliner Buletten

mit Kartoffelstampf und Möhrengemüse

1. Für die Buletten den Backofen auf 160 °C (Ober- und Unterhitze) vorhei-zen. Das Brötchen in einem Gefrierbeutel mit Hilfe eines Nudelholzes zu Bröseln zermahlen. Die Petersilie waschen, trocken tupfen und fein hacken. Die Zwiebel schälen, in feine Würfel schneiden und in etwas Öl andünsten, vom Herd nehmen.

2. Das Hackfleisch mit Semmelbröseln, Senf, Zwiebelwürfeln, Ei, der Hälfte der Petersilie, ½ TL Salz, Paprikapulver und etwas Chili verkneten. Aus der Hack-masse mit angefeuchteten Händen 3 Buletten formen und in einer Pfanne in etwas Öl auf jeder Seite knusprig anbraten. Herausnehmen und im Backofen noch etwa 8 Minuten fertig garen, danach warm halten.

3. Für das Gemüse inzwischen die Möhren schälen, schräg in Scheiben schneiden und in einer Pfanne mit 2 EL Butter und 2 EL Zucker karamellisieren. Den Schnittlauch waschen, trocken tupfen, in feine Röllchen scheiden und zu den Möhren geben. Mit etwas Salz und Chili abschmecken.

4. Für den Stampf die Milch erhitzen. Die gekochten Kartoffeln pellen, in Würfel schneiden und in der Milch kurz erwärmen. 2 EL Butter hinzufügen, dann den Topf vom Herd nehmen.

5. Für die Sauce Sahne und Wein in einem Topf einkochen lassen. Von den Kartoffeln etwas Milch und 1 Kartoffelwürfel zur Weißweinreduktion geben. Die kalte Butter in Würfeln hinzufügen und mit dem Stabmixer unterrühren, dann die Sauce mit Salz, Pfeffer, Senf und etwas Zitronenschale abschmecken.

6. Zu den Kartoffeln nochmals 2 EL Butter und etwas gehackte Petersilie hinzufügen, alles stampfen und mit Salz und Muskatnuss abschmecken. Jeweils 1 Bulette mit Kartoffelstampf und Möhren anrichten und mit der Sauce beträufeln. Mit der übrigen Petersilie bestreuen.

Scharfes Schwein

mit Chilifeigen und Spitzkohl

Zutaten

**Für 3 Personen
Zubereitungszeit
1 Stunde**

Für das Schwein
400 g Schweinefilet
4 EL Honig
2 EL Sojasauce
1 EL Kimchi-Sauce
(aus dem Asia-Laden;
ersatzweise scharfe
Chilisauce)
Chilipulver

Für Feigen & Kohl
3 Feigen
1 cm Chilischote
75 ml Rotwein
75 ml Portwein
300 g Spitzkohl
1 EL Pinienkerne
2 EL rote Shiso-Kresse

Für die Sauce
1 Schalotte
100 ml Weißwein
3 Eigelb

Und sonst noch
Pflanzenöl
Olivenöl
Salz und Pfeffer
Butter

1. **Für das Schwein** den Backofen auf 180 °C (Ober- und Unterhitze) vorheizen. Das Filet parieren und in einer Pfanne in etwas Öl rundum anbraten. Honig, Sojasauce und Kimchi-Sauce hinzufügen und das Filet darin kurz schwenken. Aus der Pfanne nehmen und anschließend in einer ofenfesten Form im Ofen etwa 20 Minuten *medium* garen. Sobald das Fleisch gut *medium* ist, aus dem Ofen nehmen und 4 Minuten in Alufolie ruhen lassen. Die Honig-Soja-Sauce nach Belieben mit Sojasauce, Chili und Honig abschmecken.

2. **Die Feigen** inzwischen waschen und in Scheiben schneiden. Die Chili längs halbieren, entkernen, waschen und fein hacken. Rotwein und Portwein in einem Topf erhitzen und auf die Hälfte einkochen lassen, dann Feigen und gehackte Chili dazugeben. Das Ganze beiseitestellen und noch etwas durchziehen lassen.

3. **Den Spitzkohl** putzen, waschen und in dünne Streifen schneiden oder hobeln. Dann in einer Pfanne in etwas Olivenöl anbraten und mit Salz und Pfeffer würzig abschmecken. Die Pinienkerne in einer Pfanne ohne Fett rösten, herausnehmen und abkühlen lassen.

4. **Für die Weinschaumsauce** die Schalotte schälen und in feine Würfel schneiden. In einem Topf in etwas Butter andünsten und mit dem Weißwein ablöschen, 1–2 Minuten einkochen lassen. Die Schalottenwürfel mit einem Schaumlöffel aus dem Sud nehmen und entfernen. 100 g Butter im Weißweinsud zerlassen. Dann den Sud in eine Edelstahlschüssel füllen, die Eigelbe dazugeben und alles über dem heißen Wasserbad mit einem Schneebesen so lange schaumig aufschlagen, bis ein luftiger Schaum entstanden ist (4–5 Minuten).

5. **Auf Tellern** die Feigen mit etwas Sud anrichten, daneben den Spitzkohl setzen. Das Filet schräg in Scheiben schneiden, dazulegen und mit der Honig-Soja-Sauce beträufeln. Die Weinschaumsauce nochmals mit dem Mixer aufschäumen und über das Fleisch träufeln. Zuletzt mit etwas Kresse bestreuen.

Schweinefilet

mit Birne, Kohlrabi und Spargel

Für Fleisch & Sauce
400 g Schweinefilet
1 Gemüsezwiebel
100 ml Weißwein
4 Stängel Kerbel
4 Blätter Bärlauch
(ersatzweise 1 Knob-
lauchzehe)
6 Scheiben Parma-
schinken (nach
Belieben)
1 Handvoll Pinienkerne
100 g kalte Butter

Für das Gemüse
1 Kohlrabi
6–12 Stangen grüner
Spargel
3 Zweige Thymian
1 Birne
abgeriebene Schale
von 1 Bio-Zitrone

Und sonst noch
Salz und Pfeffer
Pflanzenöl
Butter, Zucker

1. Für das Fleisch den Backofen auf 85 °C (Ober- und Unterhitze) vorheizen. Das Schweinefilet parieren, mit Salz und Pfeffer würzen. In einer Pfanne in etwas Öl rundum scharf anbraten, herausnehmen und in einer ofenfesten Form im Ofen noch 1 Stunde 20 Minuten gar ziehen lassen. Herausnehmen und warm halten.

2. Für die Sauce inzwischen die Zwiebel schälen und in feine Würfel schneiden. Mit dem Wein in einem Topf etwa 5 Minuten einkochen lassen. Kerbel und Bärlauch waschen, trocken tupfen und fein hacken. Die Reduktion mit den Kräutern mischen, mit Salz und Pfeffer würzen, dann vom Herd nehmen.

3. Nach Belieben den Parmaschinken in der Pfanne vom Filet in etwas Öl auslassen. Herausnehmen und auf Küchenpapier abtropfen lassen. Die Pinienkerne in einer Pfanne ohne Fett rösten, herausnehmen und abkühlen lassen.

4. Für das Gemüse den Kohlrabi schälen, halbieren, in dünne große Scheiben schneiden und in wenig Salzwasser etwa 5 Minuten bissfest garen. In einem Sieb eiskalt abschrecken und abtropfen lassen. Den Spargel waschen, im unteren Drittel schälen und von den holzigen Enden befreien.

5. Die Spargelstangen in Butter rundum anbraten, den abgetropften Kohlrabi und 1 Prise Zucker dazugeben und alles noch etwa 10 Minuten ziehen lassen. Den Thymian waschen, trocken tupfen, fein hacken und zum Gemüse geben. Die Birne waschen, halbieren, entkernen und in dünne Spalten schneiden. Die Birnenspalten unter das Gemüse ziehen und alles mit Salz, Pfeffer und Zitronenschale abschmecken.

6. Zum Servieren die kalte Butter in Würfeln zur Weißweinreduktion geben und bei mittlerer Hitze unterrühren. Auf den Tellern mittig das Gemüse anrichten. Das Schweinefilet schräg in Scheiben schneiden und darauflegen. Mit der Sauce beträufeln und mit Schinken und Pinienkernen toppen.

Schweinekrusten- braten vom Grill

mit Röstkartoffeln und Gemüse

1. Für den Braten den Schweinebraten rundum mit Salz und Pfeffer würzen und auf der Schwarte etwa 3 Minuten grillen. Dann mit der Schwarte nach oben in einen gusseisenen Topf (am besten einen Dutch-Oven) auf den Rost des Kugelgrills legen und mit geschlossenem Deckel bei voller Hitze 1,5 Stunden garen. (Alternativ den Braten auf der Schwarte im Topf anbraten und mit der Schwarte nach oben im auf 180 °C vorgeheizten Backofen ebenso lang braten.)

2. Inzwischen die Kartoffeln waschen und in einem Topf zugedeckt in wenig Salzwasser bissfest garen. Danach abgießen und ausdampfen lassen. Zum Servieren auf dem Grill rundherum rösten.

3. Für die Salsa die Chili längs halbieren, entkernen, waschen und fein hacken. Die Kräuter waschen, trocken tupfen und fein hacken. Die Tomate waschen und in feine Würfel schneiden, dabei den Stielansatz entfernen. Den Knoblauch schälen und fein reiben. Chili, Kräuter, Tomate und Knoblauch mischen und 3 EL Olivenöl unterrühren. Die Eiertomaten halbieren, die Hälften mit der Hand ausdrücken und den Saft zur Salsa geben. Mit Zitronensaft, Salz und Pfeffer würzen.

4. Für das Grillgemüse inzwischen die Champignons bei Bedarf putzen, mit etwas Öl beträufeln und ebenfalls beidseitig auf dem Grillrost grillen. Die Paprika längs vierteln, entkernen, waschen und mit dem Sparschäler schälen. Die Viertel jeweils dritteln und mit auf dem Grill legen. Die Zucchini waschen, längs halbieren und ebenfalls auf den Rost legen. Die Zwiebeln schälen, quer halbieren und dazulegen. Die Tomaten waschen, quer halbieren und ebenfalls auf den Grill legen. Das Gemüse bissfest grillen, dann warm halten.

5. Für die Bratensauce das Tomatenmark in einem kleinen Topf anrösten, 3 EL Zucker dazugeben und mit Wein ablöschen. Alles 15–20 Minuten einkochen lassen, zuletzt die kalte Butter in Würfeln nach und nach unterrühren.

6. Das Gemüse auf Teller verteilen. Den Braten vom Grill nehmen, nach Belieben die Kruste ablösen, den Braten in Scheiben schneiden und neben das Gemüse setzen. Nach Belieben die Kruste in feine Würfel schneiden. Die Sauce und die Salsa darüberträufeln. Die Kartoffeln dazulegen und mit Salz würzen.

Zutaten

Für 3 Personen
Zubereitungszeit
1 Stunde 30 Minuten

Für den Braten
1 kg Schweinekrusten- braten (aus der Schulter, mit Schwarte)
2 EL Tomatenmark
400 ml Rotwein
100 g kalte Butter

Für die Salsa
1,5 cm Chilischote
8 Stängel Petersilie
3 Stängel Koriander- grün, 1 Tomate
3 Knoblauchzehen
4 reife Eiertomaten
etwas Zitronensaft

Für Kartoffeln & Gemüse
6 vorwiegend fest- kochende Kartoffeln
3 Scheiben Riesen- champignon oder
6 Champignons
1 gelbe Paprikaschote
3 Mini-Zucchini
2 rote Zwiebeln
2 kleine Tomaten

Und sonst noch
Salz und Pfeffer
Olivenöl, Zucker
Grill und gusseiserner
Topf mit Deckel

Kalbsfilet

mit Käsekruste und Pilzen

1. Für die Käsekruste weiche Butter, Parmesan und Semmelbrösel zu einer Gratiniermasse verkneten, zu einer Rolle formen und in Frischhaltefolie gewickelt bis zur Verwendung in das Tiefkühlfach legen.

2. Für die Sauce die Zwiebel schälen, in Würfel schneiden und in einem Topf mit braunem Zucker und 1 EL Butter karamellisieren. Dann mit Rotwein und Portwein ablöschen und etwa 8 Minuten köcheln lassen, vom Herd nehmen und mit Salz und Pfeffer würzen. Zum Servieren die kalte Butter in Würfeln nach und nach mit einem Schneebesen unterrühren.

3. Für das Kalbsfilet den Backofen auf 150 °C (Ober- und Unterhitze) vorheizen. Den Thymian waschen, trocken tupfen und fein hacken. Das Kalbsfilet mit Salz würzen, pfeffern und rundum in einer ofenfesten Pfanne in etwas Öl anbraten, mit Thymian würzen. Die Filetscheiben herausnehmen und in einer ofenfesten Form im Ofen etwa 20 Minuten *medium* durchziehen lassen. Aus dem Ofen nehmen und beiseitestellen, den Backofengrill vorheizen.

4. Für die Rösti die Kartoffeln schälen, waschen und grob raspeln. Etwas ausdrücken und mit Salz und Pfeffer würzen. Aus den Kartoffelraspeln in einer Pfanne eine große Rösti ausbacken.

5. Die Pilze putzen und in grobe Stücke schneiden. Die Zwiebel schälen, in feine Würfel schneiden und in einer Pfanne in etwas Öl anbraten. Den Speck in feine Würfel schneiden und dazugeben. Die Pilze hinzufügen und glasig dünsten. Petersilie und Thymian waschen, trocken tupfen, fein hacken und zwei Drittel zu den Pilzen geben. Die Speisestärke mit dem Weißwein verrühren und die Pilze damit binden.

6. Die Gratiniermasse in Scheiben schneiden, die Kalbsfilets damit belegen und unter dem Backofengrill kurz übergrillen. Zum Servieren die Rösti dritteln, je 1 Stück mit Pilzen anrichten und die Kalbsfiletscheiben daraufsetzen. Mit der Sauce beträufeln und mit den übrigen Kräutern bestreuen.

Zutaten

Für 3 Personen
Zubereitungszeit
1 Stunde

Für Kruste & Filet
50 g weiche Butter
50 g geriebener Parmesan
50 g Semmelbrösel
4 Zweige Thymian
3 Scheiben Kalbsfilet (à ca. 150 g; ersatzweise Schweinefilet)

Für die Sauce
1 rote Zwiebel
1 EL brauner Zucker
200 ml Rotwein
100 ml Portwein
100 g kalte Butter

Für Rösti & Pilze
3 mehligkochende Kartoffeln
je 50 g Pfifferlinge, Austern-, Steinpilze und Kräuterseitlinge
1 rote Zwiebel
50 g Speck (am Stück)
4 Stängel Petersilie
3 Zweige Thymian
1 EL Speisestärke
50 ml Weißwein

Und sonst noch
Butter, Salz und Pfeffer, Pflanzenöl

Detlef Steves: das Sendungs-Maskottchen

Die Duelle gegen Detlef sind mittlerweile legendär. Besonders gut kann ich mich noch an unser erstes Duell erinnern. Wir waren uns vorher noch nie über den Weg gelaufen und haben uns erst kurz vor der Sendung kennengelernt – und beide schnell gemerkt: Da geht was, zwischen uns stimmt die Chemie.

Seinen ersten Gang gegen mich, den Dessert-Gang, haben wir unentschieden beendet. Und das erste Mal gewinnen konnte er dann nur, weil er mithilfe seiner Frau einen Baumkuchen deluxe abgeliefert hat. Seitdem ist es Pflicht, dass er in jeder Staffel dabei ist…

Das letzte Mal hatte er seine allerbeste Idee und sich doch tatsächlich den Chef meines Lieblingsitalieners „Da Pasquale" geschnappt. Mit ihm und dem Gericht „Zweierlei frische Pasta" ist er zusammen gegen mich und Rainer Sass angetreten. Leider hatte ich vorher noch nie frische Pasta selber gemacht. Rainer und ich haben zwar gekämpft wie die Löwen, aber am Ende dann doch knapp verloren.

Mittlerweile ist Detlef zu einem echt guten Kumpel geworden und ich freu mich immer, wenn er dabei ist, weil es jedes Mal abgeht und er auch mal einen Spruch abkann.

... und noch mehr

Schnappschüsse

Kalbskoteletts

mit Pilzen und Gemüse

Für 3 Personen
Zubereitungszeit
50 Minuten

Für Gemüse & Pilze
12 Cocktailtomaten
3 Stängel Petersilie
Chilipulver
12 Stangen grüner
Spargel
abgeriebene Schale
von ¼ Bio-Zitrone
100 g Austernpilze
100 g Shiitake-Pilze
1 kleine rote Zwiebel
3 EL eingelegte Mor-
cheln (aus dem Glas)
2 EL Schnittlauch-
röllchen

Für die Koteletts
3 Kalbskoteletts
(à ca. 200 g)
3 Knoblauchzehen
1 Bio-Zitrone
2 Zweige Thymian
5 Zweige Salbei

Für das Kartoffel-
stroh
3 vorwiegend fest-
kochende Kartoffeln

Und sonst noch
Olivenöl, Zucker
Salz und Pfeffer
Butter, Pflanzenöl
zum Frittieren

1. Für das Gemüse die Tomaten waschen und halbieren. Die Petersilie waschen, trocken tupfen und fein hacken. Die Tomaten in etwas Olivenöl mit 1 TL Zucker andünsten. Die Petersilie dazugeben und alles mit Salz und 1 Prise Chili abschmecken. Den Spargel waschen, im unteren Drittel schälen und von den holzigen Enden befreien. Die Stangen in etwas Olivenöl rundum anbraten und mit Salz, Pfeffer und Zitronenschale würzen, das Gemüse warm halten.

2. Die Pilze putzen und in mundgerechte Stücke schneiden. Die Zwiebel schälen und in feine Würfel schneiden. Die Pilze in einer Pfanne in 1 EL Butter andünsten, die Zwiebel dazugeben und mitdünsten. Die Morcheln abtropfen lassen, grob schneiden und ebenfalls hinzufügen. Zuletzt den Schnittlauch dazu-geben und alles mit Salz und Pfeffer würzen.

3. Für die Koteletts den Backofen auf 160 °C (Ober- und Unterhitze) vor-heizen. Die Koteletts mit Salz und Pfeffer würzen, mit den angedrückten Knob-lauchzehen in einer Pfanne in etwas Öl goldbraun anbraten. Sobald die Koteletts gut gebräunt sind, herausnehmen und in einer ofenfesten Form im Ofen noch 12–15 Minuten durchziehen lassen (Fingerprobe). Herausnehmen und beisei-testellen. Die Zitrone heiß waschen, abtrocknen und in Scheiben schneiden, 3 Scheiben zum Garnieren beiseitelegen. Die übrigen Zitronenscheiben mit den Thymianzweigen in der Pfanne vom Fleisch anbräunen, dann herausnehmen und beiseitestellen.

4. Für das Kartoffelstroh reichlich Öl in einer Fritteuse oder einem gro-ßen Topf erhitzen. Die Kartoffeln schälen, erst in hauchdünne Scheiben, dann in Streifen schneiden. Die Kartoffelstreifen im Öl frittieren. Mit einem Schaumlöffel herausnehmen und auf Küchenpapier abtropfen lassen, salzen.

5. In der Pfanne von den Koteletts 100 g Butter aufschäumen. Den Salbei waschen, trocken tupfen, die Blätter abzupfen und in der Butter leicht anbraten. In der schäumenden Salbeibutter die Kalbskottelets wieder erwärmen.

6. Auf den Tellern den Spargel mit den Tomaten anrichten. Jeweils 1 Kotelett mit Zitronenscheibe und Salbeibutter daneben-/daraufsetzen. Das Kartoffelstroh darüberverteilen und die Pilze separat dazu reichen.

Für die Zwiebeln
2 rote Zwiebeln
50 ml Rotwein
50 ml Portwein

Für die Burger
1 haselnussgroßes
Stück Ingwer
2 Knoblauchzehen
70 ml Sojasauce
70 ml Rinderbrühe
2 Zweige Thymian
500 g Rinderhüfte
(z. B. vom Wagyu, ggf.
bereits durchgedreht)
1 EL Senf, 1 Eigelb
1 reife Avocado
abgeriebene Schale
und Saft von 1 Bio-
Zitrone
2 cm Chilischote
je 70 g Pfifferlinge
und Champignons
60 g durchwachsener
Speck (in Scheiben)
1 Tramezzini-Brot-
scheibe (12 x 24 cm)
1 große Tomate

Und sonst noch
Zucker
Salz und Pfeffer
Pflanzenöl zum
Frittieren
Olivenöl

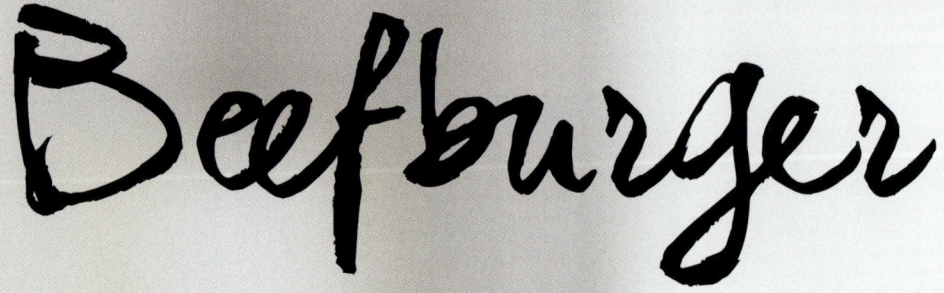

Beefburger

mit Rotweinzwiebeln und Avocadocreme

1. Die Zwiebeln schälen und in feine Halbringe schneiden. In einem Topf 2 EL Zucker karamellisieren und die Hälfte der Zwiebeln hinzufügen. Mit Rotwein und Portwein ablöschen und etwa 8 Minuten einkochen lassen.

2. Für die Burger den Backofen auf 100 °C (Ober- und Unterhitze) vorheizen. Ingwer und Knoblauch schälen, fein hacken und ebenfalls mit 2 EL Zucker karamellisieren, mit Sojasauce und Brühe ablöschen und mit Thymian etwa 5 Minuten einkochen lassen. Anschließend zu den Rotweinzwiebeln geben. Das Fleisch durch den Fleischwolf drehen (eventuell vom Metzger vorbereiten lassen). Das Hackfleisch mit Salz und Pfeffer würzen, Senf und Eigelb unterrühren und die Masse kurz ziehen lassen. Dann aus der Hackmasse mit angefeuchteten Händen 3 dicke Pattys formen und in etwas Öl *rare* garen, mit der Ingwer-Soja-Sauce ablöschen und im Ofen bis zum Servieren nachziehen lassen.

3. Die Avocado halbieren und den Kern entfernen, die Hälften schälen und fein zerdrücken, mit Salz und Pfeffer würzen, mit etwas Zitronensaft mischen. Die Chili längs halbieren, entkernen, waschen und fein hacken. Die Pilze putzen, in Würfel schneiden und mit übrigen Zwiebelringen von den Rotweinzwiebeln und gehackter Chili in einer Pfanne in etwas Öl andünsten. Mit 1 Spritzer Zitronensaft, Zitronenschale, Salz und Pfeffer abschmecken.

4. Die Speckscheiben in einer Pfanne in etwas Öl knusprig ausbacken. Die Tramezzini-Brotscheibe quer in 3 Stücke teilen und in etwas Olivenöl in der Pfanne rundum braun anbraten. Die Tomate waschen und in dünne Scheiben schneiden, dabei den Stielansatz entfernen.

5. Die Tramezzini nochmals teilen und je 1 Stück auf Teller setzen, mit etwas Avocadocreme bestreichen und 1 Tomatenscheibe darauflegen. Darauf jeweils 1 Burger setzen und Pilze und Speck darüberstapeln. Die Rotweinzwiebeln und die übrige Avocadocreme daraufgeben und die restlichen Tramezzini-Stücke obenauf legen. Nach Belieben Kartoffel-Chips dazu reichen (siehe S. 77).

Bisonsteak

mit BBQ-Hollandaise und Süßkartoffelstampf

1. Für den Stampf die Süßkartoffeln schälen. Von 1 Kartoffel 9 hauchdünne Scheiben abschneiden und beiseitelegen. Den Rest in Würfel schneiden. Die Schalotte schälen, in Würfel schneiden und in etwas Butter andünsten. Die Süß-kartoffelwürfel dazugeben. Die Chili längs halbieren, entkernen und waschen, dann in feine Scheiben schneiden und ebenfalls hinzufügen. Alles mit 1 EL Zucker karamellisieren und mit 1 Prise Salz würzen. Einige Anissamen im Mörser fein zermahlen und hinzufügen. Die Brühe dazugießen und alles weich garen. Die Süßkartoffeln mit 1 EL Butter fein pürieren und mit 1 Prise Muskatnuss, Salz und Pfeffer abschmecken, warm halten.

2. Für die Hollandaise in einem Topf den Wein mit Pfeffer und Lorbeer stark einkochen lassen – es sollen etwa 50 ml übrig bleiben. Pfeffer und Lor-beer wieder entfernen und die Reduktion etwas abkühlen lassen. 150 g Butter in einem kleinen Topf zerlassen. Die Eigelbe mit der Weinreduktion und 1 Spritzer Orangensaft in einer Edelstahlschüssel über dem heißen Wasserbad mit einem Schneebesen aufschlagen. Die zerlassene Butter tropfenweise unterrühren und die Sauce mit Ketchup, Worcestersauce, je 1 Prise Chili und Orangenschale würzen.

3. Für das Steak den Backofen auf 120 °C (Ober- und Unterhitze) vorheizen. Die Steaks mit Salz und Pfeffer würzen und in einer Grillpfanne in etwas Öl von beiden Seiten scharf anbraten. Anschließend in einer ofenfesten Form im Ofen noch 15–20 Minuten *medium* garen. Die Steaks aus dem Ofen nehmen. 50 g Butter in einer Pfanne zerlassen und reichlich Thymian und angedrückte Knob-lauchzehen hinzufügen.

4. Zum Servieren die Steaks in der Würzbutter wenden und darin wieder erwärmen. Die dünnen Süßkartoffelscheiben in einer Fritteuse in reichlich Öl knusprig ausbacken. Herausnehmen, auf Küchenpapier abtropfen lassen und mit Salz würzen. Den Stampf mit Hilfe eines Anrichterings mittig auf Teller setzen. Die Steaks in Scheiben schneiden und darauflegen. Die Süßkartoffel-Chips dazusetzen und alles mit Würzbutter, BBQ-Hollandaise und nach Belieben mit Orangenzesten garnieren.

Zutaten

Für 3 Personen
Zubereitungszeit
1 Stunde

Für den Stampf
2 Süßkartoffeln
(ca. 350 g), 1 Schalotte
1 gelbe Chilischote
einige Anissamen
150 ml Gemüsebrühe
frisch geriebene
Muskatnuss

Für die Hollandaise
150 ml Weißwein
6 Pfefferkörner
1 Lorbeerblatt
2 Eigelb, abgerie-
bene abgeriebene
Schale und Saft von
1 Bio-Orange
1 TL Ketchup
etwas Worcestersauce
Chilipulver

Für das Steak
3 Bisonfiletsteaks
(à ca. 200 g; ersatz-
weise Rinderfilet)
⅓ Bund Thymian
3 Knoblauchzehen

Und sonst noch
Butter, Zucker
Salz und Pfeffer
Pflanzenöl zum
Frittieren

Persisches Auberginen-Lamm-Ragout

mit Reiskruste

1. Für den Reis in einer Pfanne 100 g Butter zerlassen und 1 Prise Salz dazu-geben. Den gegarten Reis hinzufügen und gründlich verrühren, die Oberfläche glatt streichen und den Reis mit einem Topf beschweren. Alles bei mittlerer Hitze etwa 20 Minuten garen und auf der Unterseite eine knusprige Kruste bilden lassen, dann vom Herd nehmen und warm halten.

2. Für das Ragout inzwischen die Zwiebel schälen und in feine Würfel schneiden. Die Auberginen schälen und ebenfalls in Würfel schneiden. Tomaten waschen und vierteln. In einem Topf die Zwiebel in 50 g Butter andünsten. Auber-ginenwürfel dazugeben und mit andünsten. Dann Tomaten mit Fond oder Brühe und Wein hinzufügen. Alles mit je 1 Prise Kreuzkümmel, Chili und Safran würzen und noch 10–15 Minuten garen, warm halten. Die Pistazienkerne in einer Pfanne ohne Fett rösten. Herausnehmen und abkühlen lassen.

3. Nach Belieben 1 Aubergine frittieren: Dazu reichlich Öl in einer Fritteuse oder einem großen Topf erhitzen. Die Aubergine nicht schälen, sondern waschen, längs vierteln und das Kerngehäuse entfernen. Die Auberginenschiffchen in Öl rundum knusprig ausbacken, herausnehmen und auf Küchenpapier abtropfen lassen, warm halten.

4. Das Lammfleisch in Würfel schneiden und in einer Pfanne in etwas Olivenöl rundum scharf anbraten, es soll innen noch rosa sein. Das Auberginen-ragout eventuell wieder erwärmen und nochmals mit Salz, Pfeffer, Gewürzen und eventuell etwas Wein abschmecken. Minze und Koriander waschen, trocken tupfen und grob hacken.

5. Das Ragout und den Reis auf Tellern anrichten, die krossen Auberginen danebenlegen und mit Pistazien, Minze und Koriander bestreuen. Das Lamm-fleisch darum herum verteilen und alles mit frisch gemahlenem Pfeffer bestreuen.

Lammlachse

im Amarena-Lack mit Grillgemüse

1. Für die Sauce die Schalotten in feine Würfel schneiden und in einem Topf in etwas Olivenöl andünsten. Mit Wein und Fond ablöschen und auf etwa 50 ml einkochen lassen. Anschließend durch ein Sieb gießen, den Fond auffangen und die Zwiebeln entfernen. Zum Servieren die Amarena-Kirschen mit der Einlegesauce in den Fond geben und erwärmen.

2. Für das Gemüse die Tomaten waschen und vierteln. Die rote Zwiebel in feine Würfel schneiden und mit den Tomaten mischen. Die Chili längs halbieren, entkernen, waschen, fein hacken und hinzufügen. Basilikum waschen, trocken tupfen und grob hacken. 1 Spritzer Zitronensaft und 2 EL Olivenöl unterrühren und alles mit Basilikum, Salz und Pfeffer abschmecken.

3. Für die Creme den Apfel waschen, in feine Würfel schneiden und in eine Schüssel geben. Die Radieschen waschen und grob dazureiben. Den Rosmarin waschen, trocken tupfen und fein hacken. Crème fraîche und Rosmarin untermischen und die Creme mit Salz und Pfeffer würzen.

4. Die Süßkartoffel schälen und in 5 mm dicke Scheiben schneiden. Mit 2 EL Sonnenblumenöl und Salz mischen. Die Zucchini putzen, waschen und längs in 5 mm dicke cm Scheiben schneiden, ebenfalls ölen und mit Salz würzen. Die Knoblauchknolle quer aufschneiden. Das Gemüse und den Knoblauch grillen.

5. Die Lammlachse auf dem Grillrost etwa 8 Minuten rundum grillen. Danach in Alufolie wickeln und etwa 5 Minuten ruhen lassen. Zum Servieren in Tranchen schneiden. Petersilie und Minze waschen, trocken tupfen, fein hacken und mit weicher Butter, Zitronenschale und -saft mischen. Die gegrillte Knoblauchknolle ausdrücken und unter die Kräuterbutter rühren, mit Salz und Pfeffer würzen.

6. Auf Tellern Zucchini, Süßkartoffeln und Lammlachse anrichten. Die Tomaten über die Zucchini verteilen, die Kräuterbutter auf das Lamm setzen und alles mit dem Amarena-Lack beträufeln. Zuletzt die Apfel-Radieschen-Creme auf die Süßkartoffeln geben.

Zutaten

Für 3 Personen
Zubereitungszeit
1 Stunde 25 Minuten

Für Lamm & Sauce
2 Schalotten
200 ml Rotwein
100 ml Lammfond
6 Amarena-Kirschen
mit 3 EL Einlegesauce
2 Lammlachse
(à ca. 150 g)
2 Stängel Petersilie
2 Stängel Minze
60 g weiche Butter
Saft und abgeriebene
Schale von ½ Bio-
Zitrone

Für das Gemüse
8 Cocktailtomaten
1 rote Zwiebel
2 cm rote Chilischote
2 Stängel Basilikum
1 Spritzer Zitronensaft
1 Süßkartoffel
1 mittelgroße Zucchini
1 Knoblauchknolle

Für die Creme
½ Apfel, 2 Radieschen
4 Zweige Rosmarin
100 ml Crème fraîche

Und sonst noch
Olivenöl
Salz und Pfeffer
Sonnenblumenöl

Cooking in High Heels

Die Idee High Heels anzuziehen, entstand beim Kochen gegen Alessandra Meyer-Wölden. Sie sah in der Sendung wie immer top aus und hatte natürlich High Heels an. Und ich dachte: Komm, die zieh ich mir auch an, ist ja zum Kochen nicht einfach und so haben wir die gleichen Voraussetzungen!

Bis fast zum Ende hat das auch ganz gut geklappt. Drei Minuten vor Schluss bin ich dann aber ausgerutscht und hatte dummerweise eine Porzellanschüssel in der Hand, die vor mir auf den Boden fiel. Beim Fallen hab ich mich abgestützt und natürlich in eine Scherbe gegriffen. Ich merkte gleich: Oha, das hat gesessen und hab mir einen Küchenlappen um die Hand gebunden. Den Gang hab ich noch schnell zu Ende gekocht und dann bin ich hinter die Wand, um das Jury-Urteil zu hören.

Nach der Entscheidung ging es hinter den Kulissen direkt zum Sanitäter. Als der meine Verletzung sah, meinte er sofort: „Alles klar, das muss genäht werden!" Für mich stand aber fest: Ne, wir machen die Sendung noch zu Ende. Bis dahin hatte ich alle Gänge und Spiele gewonnen und es war nur noch ein Spiel und der Dessert-Gang offen. Ich spürte, dass dies mein erster Durchmarsch der Staffel werden könnte. Also hat der Sani meine Hand ziemlich eng und dick verbunden und ich bin zurück ins Studio. Tatsächlich hab ich das letzte Spiel und den letzten Gang gewonnen – und danach ging es sofort in die Notaufnahme.

Als ich reinkam, meinte der Doc: „Ach, Herr Henssler, lief ja richtig gut für Sie heute, was?" Dazu muss man sagen, dass ich nicht nur die eine Hand, sondern beide Hände verbunden hatte. Im ersten Gang hatte ich mir nämlich ein ordentliches Stück von meinem linken Zeigefinger weggesäbelt. Auf jeden Fall kontrollierte er beide Wunden und brachte mich anschließend in ein Krankenzimmer. Dort musste ich beide Hände zum Desinfizieren in Alkohol baden. Und lasst Euch eins gesagt sein: Das zieht richtig!

Die Notaufnahme war an diesem Abend relativ gut besucht. Da meine Tür offenstand, haben die meisten im Vorbeigehen reingeguckt, sind aber weitergegangen. Das Highlight war ein Typ, der relativ langsam vorbeiging und einen Tropf neben sich herschob. Wie alle anderen auch, hat er kurz reingeschaut, ist dann aber weitergezogen. Einige Sekunden später tauchte er wie im Film rückwärts und in Zeitlupe wieder in der Tür auf, um nach einem Selfie zu fragen. „Klar, komm rüber!" So entstand ein wunderhübsches Selfie, bei dem ich beide Hände im Alkohol hab und er die Hand am Tropf.

**Für 3 Personen
Zubereitungszeit
45 Minuten**

Für das Reh
3 Rehfilets (à ca. 70 g,
mit Knochen und
Fleischabschnitten
für den Saucenansatz,
ggf. 1 ganzen Reh-
rücken vom Metzger
zerlegen lassen)
1 Zwiebel
1 EL Tomatenmark
50 ml Cognac
100 ml Rotwein
150 ml Wildfond
1 Sternanis
4 Pimentkörner
2 Gewürznelken
1 EL Honig
abgeriebene Schale
von 1 Bio-Limette
250 g Sahne

Für Pasta & Pilze
400 g frische Tagliolini
(dünne Bandnudeln;
aus dem Kühlregal)
100 g Pfifferlinge
1 EL Dampfmohn
2 Feigen

Und sonst noch
Pflanzenöl
Salz und Pfeffer
Butter

Rehfilets

mit Feigen-Mohn-Pasta und Pilzen

1. Für das Reh den Backofen auf 120 °C (Ober- und Unterhitze) vorheizen. Die Knochen grob zerteilen und die Fleischabschnitte in Würfel schneiden (eventuell vom Metzger vorbereiten lassen). Die Zwiebel schälen, in Würfel schneiden und mit Knochen und Fleischabschnitten in einem großen Topf in etwas Öl anrösten. Das Tomatenmark dazugeben und mitrösten. Mit Cognac ablöschen und kurz flambieren. Rotwein und Fond dazugeben und alles kräftig einkochen lassen.

2. Für die Pasta inzwischen die Tagliolini in einem Topf in reichlich Salzwasser nach Packungsanweisung bissfest garen. In ein Sieb abgießen und abtropfen lassen. Die Pfifferlinge putzen und in etwas schäumender Butter kurz anbraten, beiseitestellen. Den Mohn im Mörser fein zermahlen.

3. In einer ofenfesten Pfanne etwas Butter aufschäumen und die Rehfilets darin anbraten. Sternanis, Piment und Nelken im Mörser fein zermahlen und das Fleisch damit würzen. Die Filets in einer ofenfesten Form im Ofen noch 10–12 Minuten durchziehen lassen. Herausnehmen, mit etwas Honig beträufeln und mit etwas Limettenschale bestreuen.

4. Den Saucenansatz mit 150 g Sahne aufgießen und mit Salz und Pfeffer würzen. Die Sauce in ein Sieb abgießen und den Mohn dazugeben. Die Nudeln ebenfalls zur Sauce geben und darin schwenken. Die Feigen waschen, achteln und mit den Pfifferlingen unter die Nudeln mischen.

5. Die Feigen-Mohn-Pasta auf Teller verteilen. Das Reh schräg in dünne Scheiben schneiden und auf die Nudeln setzen. Die „Rehpfanne" nach Belieben mit der übrigen Sahne kurz aufkochen und den Sud über die Nudeln geben. Mit der Limettenschale toppen und mit Salz und Pfeffer würzen. Dazu passt auch noch ein wenig Selleriestroh (siehe S. 31).

Für Surf & Turf
3 Maispoularden-
brustfilets (mit Haut)
2 EL Honig
1 EL Sesamöl
Saft von 1 Orange
1 EL heller Sesam
3 Riesengarnelen
(geschält und
gesäubert)

**Für die Frühlings-
rolle**
1 Riesengarnele
1 EL Mangowürfel
1 TL Sojasauce
½ TL Sesamöl
1 Msp. ger. Ingwer
1 Knoblauchzehe
1 EL geh. Koriander-
grün
1 Blatt Yufka-Teig

Für die Pfeffersauce
75 ml Weißwein
5 weiße Pfefferkörner
Saft und abger. Schale
von 1 Bio-Limette

Und sonst noch
Salz und Pfeffer
Pflanzenöl zum
Frittieren
Olivenöl, Butter

Surf & Turf

mit Frühlingsrolle

1. Für das Hähnchen den Backofen auf 200 °C (Ober- und Unterhitze) vorheizen. Die Hähnchenbrustfilets waschen, trocken tupfen und rundum mit Salz und Pfeffer würzen. Zuerst auf der Hautseite in etwas Öl knusprig anbraten, dann aus der Pfanne nehmen und auf der Fleischseite auf dem Rost im Ofen noch 8–10 Minuten garen, herausnehmen und beiseitestellen. Inzwischen Honig und Sesamöl mit dem Orangensaft kräftig aufkochen, dann auf 1 EL einkochen lassen. Die Hähnchenhaut mit der Glasur bestreichen, mit Sesam bestreuen und zum Servieren unter dem Backofengrill kurz bräunen.

2. Für die Frühlingsrolle reichlich Öl in einer Fritteuse oder einem kleinen Topf erhitzen. Die Garnele schälen, waschen und trocken tupfen. Mit der Mango fein hacken, mit Sojasauce, Sesamöl, Ingwer, gehacktem Knoblauch, Koriander und etwas Limettensaft mischen. Die Mischung auf das Yufka-Teigblatt setzen und zu einer Frühlingsrolle wickeln, dabei zuerst die Seiten einklappen. Im Öl knusprig ausbacken, herausnehmen und auf Küchenpapier abtropfen lassen.

3. Für die Pfeffersauce den Wein mit den Pfefferkörnern auf 2 EL einkochen, die Pfefferkörner entfernen und 100 g kalte Butter in Würfeln nach und nach untermischen. Die Pfeffersauce mit Limettensaft und -schale und Salz abschmecken, warm halten.

4. Von den Garnelen jeweils die Unterseite abschneiden und mittig aufklappen, waschen und trocken tupfen. Die 3 Garnelen in einer Pfanne in reichlich Butter auf der Schalenseite braten, dann umdrehen, die Pfanne vom Herd nehmen und die Garnelen in der Nachhitze der Pfanne noch etwas ziehen lassen.

5. Zum Servieren Hähnchen und Garnelen auf Tellern anrichten. Die Frühlingsrolle dritteln und ebenfalls danebenlegen. Mit Pfeffersauce beträufeln. Nach Belieben ein buntes Gemüse dazu servieren, zum Beispiel aus 100 g Zuckerschoten, 1 gelben Paprikaschote und 1 Zucchini. Alles in wenig Öl dünsten und mit Sojasauce und Sesamöl, 1 Prise Chilipulver und geriebenem Ingwer würzen.

Für die Gurken
1 rote Zwiebel
1 EL mittelscharfer
Senf
150 ml Weißwein
1 EL Kapern
2 EL Wermut
(z.B. Noilly Prat)
2 Schmorgurken
2 Stängel Dill
2 EL Crème fraîche
abger. Schale und Saft
von ½ Bio-Zitrone

**Für die
Bratkartoffeln**
2 große gegarte
vorwiegend fest-
kochende Kartoffeln
50 g durchwachsener
Speck (am Stück)
6 dünne Scheiben
Schinkenspeck
(nach Belieben)
3 Stängel Petersilie

Für den Fisch
3 Seebarschfilets
(à ca. 180 g; mit Haut)

Und sonst noch
Pflanzenöl
Salz und Pfeffer
Mehl, Butter

Gebratener Barsch

mit Schmorgurken
und Bratkartoffeln

1. Für die Schmorgurken die Zwiebel schälen, in feine Würfel schneiden und in etwas Öl andünsten. Leicht mit Salz würzen und den Senf dazugeben, mit Wein ablöschen. Die Kapern dazugeben und alles etwas einkochen lassen, dann mit dem Stabmixer fein pürieren. Die Senfsauce mit Salz, Pfeffer und Wermut abschmecken und die Hälfte in einen Topf füllen.

2. Die Gurken schälen, längs halbieren und in Scheiben schneiden. Den Dill waschen, trocken tupfen und fein hacken. Die Gurken in einer Pfanne in etwas Öl andünsten. Dann zur Hälfte der Senfsauce in den Topf geben, mit Crème fraîche mischen und mit Salz, Pfeffer, etwas Zitronenschale und Dill würzen, warm halten.

3. Für die Bratkartoffeln die Kartoffeln pellen und in 5 mm dünne Scheiben schneiden. In einer Pfanne in etwas Öl nacheinander knusprig braten. Den Speck in kleine Würfel schneiden, in einer Pfanne in etwas Öl knusprig ausbacken und zu den Bratkartoffeln geben. In derselben Pfanne nach Belieben noch Speck-scheiben knusprig braten, herausnehmen und auf Küchenpapier abtropfen lassen. Die Petersilie waschen, trocken tupfen, fein hacken und zu den Brat-kartoffeln geben, alles warm halten.

4. Für den Fisch die Barschfilets waschen, trocken tupfen und vorsichtig mit Salz würzen. Auf jeder Seite mit Mehl bestäuben und in einer Pfanne in je 2 EL Öl und Butter auf der Hautseite anbraten. Dann auf die Fleischseite drehen und ebenfalls braun braten.

5. Die übrige Senfsauce nochmals mit Wermut, Salz, Pfeffer, Zitronensaft oder Crème fraîche abschmecken. Auf Teller die Bratkartoffeln verteilen und das Gurkengemüse danebensetzen, mit Senfsauce beträufeln. Die Fischfilets mit der Haut nach oben darauflegen. Alles nach Belieben mit krossem Schinkenspeck toppen und mit etwas frisch gemahlenem Pfeffer bestreuen.

„Norske Torsk"

Kabeljau mit mediterraner Sauce

Zutaten

Für 3 Personen
Zubereitungszeit
40 Minuten

Für die Sauce
1 mittelgroße rote Zwiebel
½ mittelscharfe Chili
10 Cocktailtomaten
100 ml Tomatensaft
1 Handvoll grüne Oliven (6–8 Stück; ohne Stein)

Für den Fisch
600 g Kabeljaufilet
1 mehligkochende Kartoffel
50 g kalte Sahne

Für das Pesto
50 g Pinienkerne
2 Knoblauchzehen
1 Handvoll Basilikumblätter

Für die Zucchini
2 kleine Zucchini (ca. 200 g)
1 EL Thymianblättchen
4 Zweige Rosmarin (nach Belieben)

Und sonst noch
Olivenöl
Salz und Pfeffer

1. Für die Sauce die Zwiebel schälen, halbieren und in feine Halbringe schneiden. Die Chilischote längs halbieren, entkernen, waschen und in feine Ringe schneiden. Zwiebel und Chili in einem Topf in etwas Olivenöl andünsten. Die Tomaten waschen, vierteln und dazugeben. Den Tomatensaft hinzufügen und alles bei mittlerer Hitze noch 7 Minuten köcheln, vom Herd nehmen.

2. Für den Fisch inzwischen den Backofen auf 100 °C (Ober- und Unterhitze) vorheizen. Das Fischfilet waschen, trocken tupfen, von den Rändern und evtl. den letzten Gräten befreien, 50 g Fischabschnitte in das Tiefkühlfach stellen. Das restliche Fischfilet in 3 etwa 8 cm breite Stücke schneiden.

3. Die Kartoffel schälen und in dünne Scheiben hobeln. Die tiefgekühlten 50 g Fischabschnitte mit der kalten Sahne, Salz und Pfeffer zu einer Farce pürieren. Diese auf die Fischfilets streichen und die Kartoffeln schuppenartig darauflegen. Den Fisch auf der Kartoffelseite in einer ofenfesten Pfanne in etwas Olivenöl bei mittlerer Hitze goldbraun anbraten. Mit zwei Pfannenwendern vorsichtig wenden, im Ofen noch etwa 7 Minuten gar ziehen lassen. Warm halten.

4. Für das Pesto die Pinienkerne in der Pfanne ohne Fett anrösten. Mit dem geschälten Knoblauch, Basilikum und 50 ml Olivenöl zu einem Pesto pürieren. Mit Salz und Pfeffer abschmecken.

5. Die Zucchini putzen, waschen und klein würfeln. In Olivenöl knusprig ausbacken, beiseitestellen. Thymian waschen, trocken tupfen, fein hacken und zu den Zucchini geben. Tomatensauce mit dem Stabmixer pürieren und abschmecken, eventuell nochmals erwärmen. Nach Belieben die Rosmarinzweige in Olivenöl frittieren, herausnehmen, auf Küchenpapier abtropfen lassen und mit Salz würzen. Die Tomatensauce mit den Zucchini und den grob gehackten Oliven mischen und auf Teller setzen. Mittig je 1 Fischstück anrichten, mit Salz und Pfeffer würzen. Das Pesto daraufsetzen und mit Rosmarin garnieren.

Für 3 Personen
Zubereitungszeit
1 Stunde

Für die Sauce
2 rote Zwiebeln
200 ml Rotwein
50 ml Portwein
Chilipulver
50 ml Kalbsfond
1 TL Speisestärke
50 g kalte Butter

Für den Spinat
1 weiße Zwiebel
2 Knoblauchzehen
300 g Spinat
150 g Sahne
frisch geriebene
Muskatnuss

Für den Fisch
3 Steinbuttfilets (ca.
400 g, ersatzweise Kabeljau oder Seelachs)
2 mehligkochende
Kartoffeln (ca. 200 g)
1 EL geh. Petersilie
1 Ei, frisch geriebene
Muskatnuss
1 nussgroßer
Périgord-Trüffel
(nach Belieben)

Und sonst noch
Zucker, Butter
Salz und Pfeffer
Pflanzenöl

Steinbutt

mit Spinat und Zwiebelsauce

1. Für die Sauce die Zwiebeln schälen, in feine Würfel schneiden und mit 2 EL Zucker in etwas Butter andünsten. Sobald sie goldbraun sind, mit Rot- und Portwein ablöschen und alles etwa 10 Minuten einkochen lassen. Die Sauce mit 1 Prise Chili, Salz und gegebenenfalls etwas Zucker abschmecken. Dann mit Fond und Speisestärke binden, die kalte Butter in Würfeln nach und nach dazugeben und die Sauce beiseitestellen.

2. Für den Spinat Zwiebel und Knoblauch schälen und in feine Würfel schneiden. Den Spinat verlesen, waschen und grob hacken. Etwas Butter in einer Pfanne zerlassen und Zwiebel und Knoblauch darin kurz andünsten. Den Spinat mit in den Topf geben und zusammenfallen lassen. Die Sahne dazugießen und etwas einkochen lassen. Dann den Spinat pürieren und mit Salz, Pfeffer und Muskatnuss abschmecken.

3. Für den Fisch die Filets waschen und trocken tupfen. Die Kartoffeln schälen, waschen und grob raspeln. Die Petersilie mit dem Ei verquirlen, die Kartoffelraspel untermischen und alles mit Salz, Pfeffer und Muskatnuss würzen. Die Filets mit der Kartoffelmasse bestreichen und auf der Krustenseite in einer Pfanne in etwas Öl goldbraun anbraten. Die Filets mit zwei Pfannenwendern vorsichtig umdrehen und bei schwacher Hitze in der Nachhitze der Pfanne garziehen lassen.

4. Für die Spinatcreme den Spinat nochmals fein pürieren, gegebenenfalls noch etwas Sahne dazugeben und durch ein Sieb passieren. Dann auf den Tellern mittig verstreichen und je 1 Fischfilet mit der Kruste nach oben darauflegen. Die Zwiebelsauce darum herumträufeln. Nach Belieben den Trüffel großzügig über die Filets hobeln oder mit Zwiebelringen garnieren.

Wolfsbarsch

mit Bandnudeln und Paprika

1. Für die Nudeln die Bandnudeln in reichlich kochendem Salzwasser knapp bissfest garen. Dann in ein Sieb abgießen und abtropfen lassen, beiseitestellen.

2. Für die Sauce zum Fisch inzwischen in einem Topf den Wein mit Fischfond, Pfeffer und Lorbeer erhitzen und offen etwa 10 Minuten einköcheln lassen. Pfeffer und Lorbeer entfernen und die kalte Butter in Würfeln nach und nach unterrühren, warm halten.

3. Für das Gemüse die Paprika längs halbieren, entkernen und waschen. Mit dem Sparschäler schälen und in Dreiecke schneiden. Abschnitte und Schalen von der Paprika entsaften oder pürieren, durch ein Sieb passieren. Paprika in Butter andünsten und mit Paprikasaft ablöschen. 2 EL Butter dazugeben und mit Salz, Pfeffer, Chili und Zitronenschale abschmecken. Zwiebel schälen und fein würfeln, zum Paprikagemüse geben und darin kurz mitgaren, alles warm halten.

4. Für den Fisch die Filets vorsichtig von den Gräten befreien, waschen und trocken tupfen. Zuerst auf der Fleischseite mit Salz und Pfeffer würzen, dann auf der Hautseite mit Mehl bestäuben. Den Fisch in einer Pfanne in etwas Olivenöl kurz auf der Fleischseite anbraten. Dann wenden und auf der Hautseite knusprig braten, dabei mit einem Topf beschweren (dann wölbt sich der Fisch nicht) und langsam gar ziehen lassen. Sobald die Fischhaut knusprig ist, nochmals wenden und 70 g Butter in der Pfanne aufschäumen. Thymianzweige und Knoblauch dazugeben und darin kurz mitziehen lassen.

5. Zum Servieren in einer Pfanne 3 EL Butter erhitzen und die Nudeln darin erwärmen. Die Petersilie waschen, trocken tupfen, fein hacken und die Hälfte mit etwas Muskatnuss zur Pasta geben. 3 EL Sauce und die geschmolzene Butter aus der Fischpfanne mit zu den Nudeln gießen und alles kurz durchschwenken. Die übrige Petersilie zum Gemüse geben.

6. Auf Tellern nebeneinander Gemüse und Pasta anrichten. Den Wolfsbarsch mit der krossen Seite nach oben darauflegen. Mit je 1 Thymianzweig garnieren. Die Sauce nochmals aufschäumen und darum herumträufeln.

Zutaten

Für 3 Personen
Zubereitungszeit
50 Minuten

Für die Nudeln
300 g Bandnudeln
¼ Bund Petersilie
frisch geriebene
Muskatnuss

Für Sauce & Fisch
100 ml Weißwein
50 ml Fischfond
5 weiße Pfefferkörner
1 Lorbeerblatt
150 g kalte Butter
3 Wolfsbarschfilets
(à ca. 180 g; ersatzweise Doradenfilets)
4 Zweige Thymian
1 quer halbierte
Knoblauchknolle

Für das Gemüse
je 1 gelbe und orangene Paprikaschote
Chilipulver
abgeriebene Schale
von 1 Bio-Zitrone
1 rote Zwiebel

Und sonst noch
Salz und Pfeffer
Butter, Mehl
Olivenöl

Calamaretti Thai-Style

mit Jasminreis

1. Für den Reis die Zwiebel schälen, in Würfel schneiden und in einem Topf in etwas Öl anbraten. Den Reis dazugeben und darin kurz rösten. Sobald der Reis Farbe genommen hat, mit der Brühe aufgießen und zugedeckt bei schwacher Hitze etwa 15 Minuten dämpfen.

2. Für das Gemüsecurry inzwischen Zwiebel und Knoblauch schälen und in Würfel schneiden. Die Chili längs halbieren, entkernen, waschen und fein hacken. Den Ingwer schälen und in Würfel schneiden. Die Süßkartoffel schälen, halbieren und in Würfel schneiden. Die Pilze putzen und in grobe Stücke schneiden.

3. Die Zwiebel in einem Topf in etwas Öl anbraten und Knoblauch, Chili und Ingwer darin kurz andünsten. Die Süßkartoffel hinzufügen und kurz mitdünsten. Dann die Pilze mit den Kaffir-Limettenblättern dazugeben. Alles mit Kokosmilch aufgießen, Sternanis und den angedrückten Zitronengrasstängel hinzufügen und das Curry 10–15 Minuten garen.

4. Die Zuckerschoten waschen und zum Curry geben, noch etwa 7 Minuten köcheln. Alles mit Sojasauce, Sesamöl, Limettensaft und -schale abschmecken, den Sternanis nach Belieben wieder entfernen, das Curry warm halten.

5. Von den Calamaretti die Köpfe abtrennen, die Calamaretti putzen und vom Skelett befreien. Die Tintenfische waschen und trocken tupfen. Dann in einer Pfanne in etwas Öl rundum kurz scharf anbraten, mit Salz und Pfeffer würzen. Auf Tellern nebeneinander Reis und Gemüsecurry anrichten. Die gebratenen Calamaretti darauf verteilen und jeweils mit 3 Limettenscheiben toppen.

Zutaten

Für 3 Personen
Zubereitungszeit:
50 Minuten

Für den Reis
1 rote Zwiebel
100 g Jasminreis
200 ml Gemüsebrühe

Für das Curry
1 rote Zwiebel
1 Knoblauchzehe
½ Chilischote
1 Stück Ingwer
1 Süßkartoffel
150 g gemischte Pilze
(z. B. Champignons
oder Buchenpilze)
6 Kaffir-Limetten-
blätter
400 ml Kokosmilch
4 Sternanis
1 Stängel Zitronengras
80 g Zuckerschoten
1 EL Sojasauce
1 TL Sesamöl
abger. Schale und Saft
von 1 Bio-Limette

Für die Calamaretti
8 Calamaretti
(ggf. vorbestellen)
9 Bio-Limettenschei-
ben zum Servieren

Und sonst noch
Pflanzenöl
Salz und Pfeffer

151

HENSSLERS

Desserts

Für 3 Personen
Zubereitungszeit
1 Stunde
Backen
18 Minuten

Für die Konfitüre
4 Datteln
100 g TK-Kirschen
50 ml Portwein
abgeriebene Schale
und Saft von ½ Bio-
Limette
Zimtpulver
3 Stängel Minze

Für das Mus
1 reife Avocado
Zimtpulver
1,5 EL Himbeer-
konfitüre

Für die Muffins
1 Ei
1 TL Vanillezucker
½ TL Backpulver
1 kleine Banane
(ca. 150 g)
abgeriebene Schale
von ½ Bio-Orange
30 g Haselnusskerne
3 Scheiben Toastbrot
30 g Vollmilch-
schokolade

Und sonst noch
Zucker, Puderzucker
Butter, Mehl

Bananenmuffins

mit Avocadomus und Kirschkonfitüre

1. Für die Konfitüre die Datteln entsteinen und in kleine Stücke schneiden. In einer Pfanne 50 g Zucker karamellisieren, die gefrorenen Kirschen und die Datteln dazugeben. Alles mit dem Portwein ablöschen und etwa 20 Minuten kräftig einkochen, bis eine konfitürenartige Konsistenz erreicht ist. Mit Limettenschale und -saft sowie 1 Prise Zimt abschmecken. Die Minze waschen, trocken tupfen, fein hacken und unterrühren, beiseitestellen. (Die Konfitüre nach Belieben bereits am Vortag zubereiten.)

2. Für das Mus die Avocado halbieren, entkernen und schälen. In kleine Würfel schneiden und mit 15 g Puderzucker, 1 Prise Zimt und der Himbeerkonfitüre verrühren. Die Masse in eine flache, gefrierfeste Form füllen und im Tiefkühlfach 2–3 Stunden anfrieren lassen.

3. Für die Muffins den Backofen auf 200 °C (Ober- und Unterhitze) vorheizen. 9 Muffinformen buttern und mit Mehl ausstäuben. In einer Rührschüssel 30 g weiche Butter, Ei, 1 EL Zucker und Vanillezucker cremig aufschlagen. Dann 35 g Mehl und das Backpulver einrieseln lassen. Die Banane schälen, zerdrücken und mit der Orangenschale unter den Teig rühren. Dann den Teig jeweils zur Hälfte in die Formen füllen und die Muffins im Ofen 15–18 Minuten goldbraun backen. Herausnehmen und abkühlen lassen.

4. Die Haselnüsse in einer Pfanne ohne Fett rösten, herausnehmen und abkühlen lassen, grob hacken. Die Toastbrotscheiben mit einem Anrichtering rund (4 cm Durchmesser) ausstechen (Rest anderweitig verwenden). Dann in einer Pfanne in Butter mit etwas Vanillezucker anbräunen und karamellisieren. Die Schokolade vorsichtig schmelzen.

5. Auf Tellern mit Hilfe eines Anrichterings das gefrorene Avocadomus anrichten. Die karamellisierten Toasttaler danebensetzen und jeweils etwas Konfitüre daraufhäufen. Die Muffins mittig platzieren und mit der flüssigen Schokolade feine Linien darüberziehen, mit den gehackten Haselnüsse bestreuen.

Kubanisches Flan-Karamell

mit Früchten

Zutaten

Für 3 Personen
Zubereitungszeit
1 Stunde
Backen
20 Minuten

Für den Flan
200 ml Kondensmilch
200 ml gesüßte
Kondensmilch
1 Vanilleschote
3 Eier
75 ml Karamellsauce
(Fertigprodukt)

Für das Obst
1/3 Ananas
300 g Erdbeeren
3 Stängel Minze
100 ml Rotwein
1 Zweig Rosmarin
abgeriebene Schale
und Saft von
1 Bio-Zitrone

Und sonst noch
Puderzucker
Zucker
Olivenöl

1. Für den Flan den Backofen auf 130 °C (Ober- und Unterhitze) vorheizen. 100 ml Kondensmilch abmessen und beiseitestellen. Den Rest mit der gesüßten Kondensmilch in einem Topf erhitzen. Die Vanilleschote längs halbieren, das Mark herauskratzen und mit der Schote in die Kondensmilch geben. Die beiseitege-stellte Kondensmilch mit den Eiern mit den Quirlen des Handrührgeräts aufschal-gen. Sobald die Kondensmilch leicht erhitzt ist, die Eiermischung unterrühren. Alles unter Rühren weiter leicht erhitzen – es darf nicht kochen! –, bis die Masse leicht andickt. Vom Herd nehmen, die Vanilleschote wieder entfernen.

2. In drei kleine Auflaufförmchen (à ca. 200 ml Inhalt) je 2 EL Karamell-sauce geben. Darauf die angedickte Vanillecreme verteilen. Die Schälchen auf ein tiefes Backblech stellen und in den Ofen schieben. 2 cm hoch kochendes Wasser auf das Blech gießen und die Flans im Waserbad im Ofen 20 Minuten stocken lassen. Aus dem Ofen nehmen und abkühlen lassen, zum Servieren stürzen.

3. Für das Obst inzwischen die Ananas schälen, in Scheiben schneiden und in einer Grillpfanne anbraten, dabei jede Seite mit Puderzucker bestäuben. Heraus-nehmen und beiseitestellen. Die Erdbeeren putzen, waschen und in Scheiben schneiden. Die Minze waschen, trocken tupfen und die Blätter abzupfen. In einem Topf 2 EL Zucker karamellisieren und mit Rotwein ablöschen. 2 Erdbeeren dazugeben und alles fein pürieren. Die restlichen Erdbeeren und die gezupfte Minze mit der Fruchtsauce marinieren.

4. Den Rosmarin waschen, trocken tupfen, die Nadeln abzupfen und grob hacken, dann in 50 ml Olivenöl andünsten. Den Rosmarin absieben und das Würzöl ebenfalls zu den Erdbeeren geben. Mit Zitronensaft und -schale ab-schmecken. Den Erdbeersalat auf Tellern anrichten und jeweils 1 Flan mit einigen Ananasstücken danebensetzen. Mit je 1 Minzespitze garnieren und mit etwas Erdbeersud beträufeln.

Mini-Clafoutis

mit Anisbeeren und Vanillesauce

Zutaten

Für 3 Personen
Zubereitungszeit
1 Stunde
Backen
35 Minuten

Für die Beeren
10 Erdbeeren
(ca. 200 g)
12 Brombeeren
(ca. 75 g)
14 Himbeeren
(ca. 100 g)
24 Blaubeeren
(ca. 50 g)
50 ml Orangenlikör
(z. B. Grand Marnier)
100 ml Rotwein
1 Sternanis

Für die Clafoutis
1 Ei, 1 Eigelb
70 ml Milch
100 g geschälte
Haselnusskerne

Für die Vanillesauce
Mark von 3 Vanille-
schoten (mit den aus-
gekratzten Schoten)
3 Päck. Vanillezucker
200 g Sahne, 2 Eigelb
1 TL Zimtpulver

Und sonst noch
Butter, Zucker, Mehl
Puderzucker

1. Für die Beeren alle Beerensorten verlesen, waschen und trocken tupfen. Die Erdbeeren vom Strunk befreien und klein schneiden. Die Hälfte der Beeren für die Clafoutis verwenden.

2. Für die Clafoutis den Backofen auf 180 °C (Ober- und Unterhitze) vorheizen. 6 Mulden eines Muffinblechs mit Butter einfetten. Ei und Eigelb mit 35 g Zucker schaumig aufschlagen. 35 g Mehl und die Milch unterrühren. Jeweils 2 EL Teig in jede Muffinmulde geben, die beiseitegestellten Beeren gleichmäßig darüber verteilen und den restlichen Teig (je ca. 1 EL) daraufgeben. Die Clafoutis im Ofen 30–35 Minuten backen. Herausnehmen und abkühlen lassen.

3. Für die Beerensauce 50 g Zucker leicht karamellisieren. Mit dem Likör ablöschen, dabei löst sich die evtl. entstandene Zuckerschicht wieder auf. Den Rotwein dazugießen und etwa 5 Minuten einkochen lassen. Den Sternanis im Mörser fein zermahlen und zur Sauce geben, warm halten. Zum Servieren die Rotweinsauce vom Herd nehmen und die restlichen Beeren untermischen.

4. Für die Vanillesauce das Vanillemark mit Schoten und Vanillezucker in der Sahne aufkochen, vom Herd nehmen, die Vanilleschoten wieder entfernen. Die Eigelbe mit 3 EL warmer Vanillesahne verquirlen und unter die nicht mehr kochende Vanillesahne schlagen. Dann alles unter Rühren vorsichtig so lange erhitzen, bis die Sauce andickt. Sofort vom Herd nehmen und mit Zimt und eventuell noch etwas Zucker abschmecken.

5. Die Haselnüsse in einer Pfanne ohne Fett leicht anrösten. Herausnehmen und kurz abkühlen lassen, grob hacken. Auf Tellern jeweils mittig einen hellen Saucenspiegel anrichten, darauf je 1 Clafoutis und daneben etwas Beerenkompott setzen. Mit Puderzucker bestäuben und die Nüsse darüberstreuen.

Für 3 Personen
Zubereitungszeit
50 Minuten
Backen
15 Minuten

Für das Eis
200 g Crème fraîche
150 g gefrorene
Aprikosen (ggf. am
Vorabend einfrieren,
oder TK-Himbeeren)
2 EL Aprikosen-
konfitüre
2 EL Orangenlikör
(z. B. Grand Marnier)
abgeriebene Schale
von 1 Bio-Limette
2 EL geh. Basilikum

Für die Nussecken
200 g geschälte
Haselnusskerne
1 TL gemahlene
Zimtblüten
1 EL Vanillepaste
Mark von 1 Vanille-
schote
1 Ei, 1 EL Backpulver
1 Mango
1 Stängel Minze
50 g brauner Zucker
100 g Zartbitter-
schokolade
(70 % Kakaoanteil)

Und sonst noch
Puderzucker, Butter
Zucker, Mehl

Nussecken

mit Aprikoseneis und Mango

1. Für das Eis bei Bedarf am Vorabend die Aprikosenhälften in das Tiefkühl-fach geben. Am nächsten Tag Crème fraîche, gefrorene Aprikosen, Konfitüre, Likör, Limettenschale und Basilikum im Standmixer zu einem Blitzsorbet pürieren. Mit Puderzucker, Konfitüre und etwas Likör abschmecken, ins Tiefkühlfach stellen.

2. Für die Nussecken den Backofen auf 175°C (Ober- und Unterhitze) vor-heizen. Ein Backblech mit Backpapier auslegen. Die Haselnüsse in einer Pfanne ohne Fett rösten, herausnehmen und abkühlen lassen. 100 g Nüsse fein mahlen, den Rest in grobe Stücke hacken. 100 g weiche Butter mit 100 g Zucker, Zimt-blüten, Vanillepaste und -mark mit den Quirlen der Küchenmaschine oder des Handrührgeräts schaumig schlagen. Das Ei hinzufügen und unterrühren, 180 g Mehl, Backpulver und gemahlene Nüsse untermischen. Den Teig auf dem Blech zu einem Rechteck (20 x 30 cm, eventuell eine Auflaufform verwenden) verstrei-chen und im Ofen 15 Minuten backen. Herausnehmen und kurz abkühlen lassen.

3. Für das Kompott inzwischen die Mango schälen, das Fruchtfleisch erst auf den flachen Seiten vom Stein, dann in kleine Würfel schneiden. Die Minze waschen, trocken tupfen und fein hacken, dabei 3 Blätter beiseitelegen. Die Mangowürfel mit der Minze mischen. Den braunen Zucker in einer Pfanne leicht karamellisieren und die Mangowürfel darin kurz schwenken, vom Herd nehmen.

4. Die Schokolade vorsichtig schmelzen. Den Nusseckenkuchen zuerst in 6 Quadrate schneiden, dann jedes diagonal halbieren (alternativ 3 Kreise aus-stechen und jeden Kreis vierteln – Rest anderweitig verwenden). Die Nussecken mit Schokolade in feinen Streifen überziehen und mit den gehackten Hasel-nüssen bestreuen. Die Nussecken auf Tellern anrichten, daneben das Kompott und je 1 Nocke Eis setzen. Jeweils mit 1 beiseitegelegten Minzeblatt toppen.

King of Des(s)ert

Dass der Dessert-Gang in den ersten „Grill den Henssler"-Staffeln nicht unbedingt meine Paradedisziplin war, hatte sich natürlich sehr schnell bei meinen Gegnern rumgesprochen. So kam es, dass ich den Dessert-Gang oft abgeben musste und mir wichtige Punkte zum Sieg fehlten. Zu meiner Verteidigung muss ich sagen, dass ich sowohl in meiner Lehrzeit als auch in meiner Zeit als Koch nie großes Interesse an Desserts hatte. Unter Köchen sagt man – und zu denen gehöre auch ich gerne –, dass der Dessert-Posten nichts mit Kochen zu tun hat. Das stimmt so natürlich nicht, aber ein bisschen Flachs unter Kollegen muss schon sein ;-)

Nach diversen Dessert-Niederlagen stand für mich dann fest: Okay, bis hierhin und nicht weiter! Drei Wochen vor den Aufzeichnungen – ich glaub, es war vor der dritten Staffel – startete ich also mein Dessert-Bootcamp. In den Sendungen erzählte ich spaßeshalber, ich hätte einen VHS-Kurs zum Thema „Desserts" belegt. Tatsächlich bin ich aber losgegangen, hab mir zwei Dessert-Bücher gekauft und in meinem Büro täglich eine Stunde lang geübt. Los ging es mit einfachen Rezepten wie Brandteig, Biskuitteig und geendet hat es bei den Soufflés – eben alles, was Schleckermäuler so begeistert. Und was soll ich sagen? Hat bestens geklappt: In der folgenden Staffel hab ich nur einen Dessert-Gang verloren!

Salzburger Nockerl

mit Beerensalat und Fruchtsmoothie

1. Für den Smoothie den Ingwer schälen und grob hacken. Die Erdbeeren putzen und waschen. Die Zitrone von der Schale befreien und das Fruchtfleisch mit Ingwer, Erdbeeren, Mineralwasser und 1 EL Puderzucker im Standmixer fein pürieren. Den Smoothie nach Belieben durch ein Sieb passieren, mit Puderzucker abschmecken und in drei kleine Gläser füllen.

2. Für die Nockerl den Backofen auf 220 °C (Ober- und Unterhitze) vorheizen. Die Vanilleschoten längs aufschneiden und das Mark mit einem scharfen Messer herauskratzen. Die Milch mit Vanillemark und -schoten bei mittlerer Hitze unter Rühren etwa 2 Minuten kochen, vom Herd nehmen und abkühlen lassen. Die Eiweiße mit 1 Prise Salz und 1 EL Orangenschale steif schlagen.

3. Die Eigelbe mit 80 g Zucker schaumig rühren und abwechselnd mit 100 g gesiebtem Mehl vorsichtig unter den Eischnee ziehen. Die Vanilleschoten entfernen und die Vanillemilch in einer kleinen Auflaufform verteilen. Die luftige Eimasse als 3 große Nocken (symbolisch für die 3 Berggipfel bei Salzburg) nebeneinander in die Form setzen, mit Puderzucker bestäuben und im Ofen 10–12 Minuten backen – möglichst sofort servieren (alternativ in drei kleinen Auflaufförmchen jeweils 3 Mini-Nockerl backen).

4. Für den Beerensalat inzwischen die Beeren verlesen, putzen und waschen. Minze waschen, trocken tupfen und fein hacken, 3 Minzespitzen beiseitestellen. Beeren mit Puderzucker, Limettenschale und -saft sowie Minze würzen. Den Beerensalat mit je 1 beiseitegelegten Minzespitze toppen und mit Puderzucker bestäuben.

5. Die Nockerln erst kurz vor dem Servieren aus dem Ofen nehmen, auf jeden Teller 1 Nockerl setzen, mit Puderzucker bestreuen und vorsichtig servieren. Den Smoothie und den Beerensalat dazu servieren.

Zutaten

**Für 3 Personen
Zubereitungszeit
25 Minuten
Backen
10 Minuten**

Für den Smoothie
1 haselnussgroßes
Stück Ingwer
6 Erdbeeren
1 Bio-Zitrone
50 ml Mineralwasser
(mit Kohlensäure)

Für die Nockerl
3 Vanilleschoten
150 ml Milch
7 Eiweiß
abgeriebene Schale
von 1 Bio-Orange
4 Eigelb

Für den Beerensalat
je 50 g Himbeeren,
Blaubeeren und
Brombeeren
3 Stängel Minze
abgeriebene Schale
und Saft von 1 Bio-
Limette

Und sonst noch
Puderzucker
Salz
Zucker
Mehl

Schoko-Malheur

mit Orangen und Blaubeereis

Zutaten

Für 3 Personen
Zubereitungszeit
1 Stunde
Backen
10 Minuten

Für den Orangen-karamell
100 ml Orangensaft
ausgelöste Filets von
1 Orange

Für das Blaubeereis
200 g TK-Blaubeeren
150 g Crème fraîche
abgeriebene Schale
und Saft von 1 Bio-
Zitrone
1 haselnussgroßes
Stück Ingwer

Für die Küchlein
180 g Zartbitter-
schokolade
(70 % Kakaoanteil)
3 Eier
½ TL Backpulver
½-¼ Banane
2 EL Mandelstifte
(nach Belieben)
Minzespitzen

Und sonst noch
Zucker, Puderzucker
Butter, Mehl, Salz

1. Für den Orangenkaramell in einem Topf 4 EL Zucker karamellisieren. Mit Orangensaft ablöschen und die Orangenfilets hineingeben. Alles bei starker Hitze 3 Minuten einkochen lassen, vom Herd nehmen und beiseitestellen.

2. Für das Eis gefrorene Beeren, Crème fraîche, 3 EL Puderzucker, Zitronensaft und etwas Zitronenschale sowie geriebenen Ingwer in der Küchenmaschine oder in einem hohen Rührbecher mit dem Stabmixer zu einem Blitzeis pürieren. Nochmals abschmecken und bis zum Servieren ins Tiefkühlfach stellen.

3. Für die Küchlein den Backofen auf 200 °C vorheizen. Ein Backblech mit Backpapier auslegen, 100 g Schokolade im Ganzen daraufsetzen und im Ofen etwa 5 Minuten schmelzen. Herausnehmen und die gebrannte Schokolade bis zum Servieren kühl stellen (den Ofen nicht ausschalten).

4. Ein weiteres Backblech mit Backpapier auslegen. Drei Anrichteringe oder Souffléförmchen (je ca. 8 cm Durchmesser) mit Butter einfetten, mit Mehl ausstäuben und nebeneinander auf das Blech setzen. 100 g Butter und übrige 80 g Schokolade über dem heißen Wasserbad schmelzen, kurz abkühlen lassen. 2 Eier trennen. 1 ganzes Ei und 2 Eigelbe mit 70 g Zucker schaumig aufschlagen und vorsichtig unter die abgekühlte Schokomischung ziehen. Die 2 übrigen Eiweiße mit 1 Prise Salz steif schlagen. 40 g Mehl mit dem Backpulver über die Schokomasse sieben und einarbeiten, zuletzt den Eischnee unterziehen.

5. Die Masse etwa drei Viertel hoch auf die Ringe verteilen. Die Banane schälen und in Würfel schneiden, je 1–2 TL Bananenwürfel in die Schokomasse sinken lassen. Die Küchlein nach Belieben mit Mandelstiften bestreuen und im Ofen 8–10 Minuten backen, herausnehmen und sofort servieren. Inzwischen die Minzespitzen waschen und trocken tupfen.

6. Zum Servieren die gebrannte Schokolade auf die Teller reiben oder fein hacken, die gehackte Minze danebenstreuen und jeweils 1 Nocke Eis daraufsetzen. Den heißen Schokoladenkuchen danebensetzen, mit je 1 beiseitegelegten Minzeblatt garnieren und den Orangenkaramell darum herumträufeln dann je mit 1 Minsespitze garnieren.

Überbackene Mascarponecreme

mit Beeren und Baiser

1. Für die Hippen den Backofen auf 180 °C (Ober- und Unterhitze) vorheizen. Ein Backblech mit Backpapier auslegen. Jeweils 100 g Puderzucker und Mehl sieben. 100 g Butter zerlassen und wieder (auf Hauttemperatur) abkühlen lassen. Die Eiweiße steif schlagen und die abgekühlte Butter vorsichtig unterrühren. Dann die Mehl-Zucker-Mischung mit einem Teigschaber vorsichtig unterheben, sodass ein dünner Teig entsteht. Diese Masse auf dem Blech dünn verstreichen und im Ofen etwa 8 Minuten hell backen. Herausnehmen und abkühlen lassen, den Backofen nicht ausschalten.

2. Für die Creme Mascarpone und Sahnequark mit 1,5 EL Puderzucker verrühren. Vanillemark, ½ EL Limettensaft und 1 Prise Limettenschale untermischen.

3. Die Beeren verlesen, waschen und trocken tupfen. 100 g Zucker in einem Topf karamellisieren, mit Wein ablöschen und einkochen lassen, bis sich der Karamell wieder vollständig aufgelöst hat. Orangensaft und Sternanis hinzufügen und weiterköcheln lassen. Nach 5 Minuten den Sternanis wieder entfernen, 2 EL Beeren dazugeben und alles mit dem Stabmixer pürieren. Mit dem Kompott die restlichen Beeren marinieren, dann in drei Auflaufförmchen (à ca. 200 ml Inhalt) verteilen und die Mascarponecreme daraufsetzen. Im Ofen 3 Minuten erhitzen. Herausnehmen und den Backofengrill vorheizen.

4. Für das Baiser das Eiweiß steif schlagen und nach und nach 25 g Puderzucker dazusieben. Die Masse auf der Mascarponecreme verteilen (wer will, verwendet dazu einen Spritzbeutel mit Loch- oder Sterntülle) und unter dem Backofengrill kurz bräunen lassen.

5. Aus der großen Hippe drei Dreiecke schneiden (Rest aufbewahren oder anderweitig verwenden, alternativ fertige Waffel- oder Hippenröllchen verwenden). Die überbackenen Cremes aus dem Ofen nehmen und auf Tellern anrichten, mit je 1 Hippe und Minzespitze garnieren.

Zutaten

Für 3 Personen
Zubereitungszeit
40 Minuten
Backen
11 Minuten

Für die Hippen
3 Eiweiß

Für die Creme
100 g Mascarpone
50 g Sahnequark
Mark von ½ Vanille-schote
abgeriebene
Schale und Saft von
½ Bio-Limette

Für die Beeren
150 g Beerenmix
(z. B. Erd-, Brom-,
Blau- und Himbeeren)
100 ml Rotwein
Saft von ½ Orange
1 Sternanis

Für das Baiser
1 Eiweiß
3 Minzespitzen

Und sonst noch
Puderzucker
Mehl, Butter, Zucker

Sizilianische Cassata

mit Schokofrüchten

Zutaten

Für 3 Personen
Zubereitungszeit
55 Minuten
Backen
15 Minuten

Für den Biskuit
5 Eier, 1 TL Backpulver

**Für die Schoko-
früchte**
75 g Zartbitterschoko-
lade (70 % Kakao-
anteil)
50 g gemischte
Beeren (z. B. Him-,
Erdbeeren, etc.)

Für die Füllung
75 g gemischte
kandierte Früchte
75 g Sahne
Mark von ½ Vanille-
schote
1 Stängel Minze
50 g Ricotta
50 g Mascarpone
abgeriebene
Schale und Saft von
½ Bio-Limette
einige Bio-Orangen-
zesten

Und sonst noch
Zucker, Mehl
Puderzucker

1. Für den Biskuit den Backofen auf 170 °C (Ober- und Unterhitze) vorheizen. Ein Backblech mit Backpapier auslegen. Die Eier in einer Rührschüssel mit
200 g Zucker mit den Quirlen der Küchenmaschine oder des Handrührgeräts
hellschaumig schlagen. 200 g Mehl mit dem Backpulver darübersieben und mit
einem Teigschaber vorsichtig unterheben.

2. Die Biskuitmasse auf dem Blech gleichmäßig verstreichen und im Ofen
(Mitte) etwa 15 Minuten hell backen. Der Biskuit ist fertig, sobald der Teig leicht
zurückfedert, wenn man mit den Fingern daraufdrückt. Herausnehmen und aus
der noch warmen Biskuitplatte 9 Kreise (8 cm Durchmesser; Rest anderweitig
verwenden) ausstechen.

3. Für die Schokofrüchte die Schokolade vorsichtig schmelzen. Die Beeren
putzen, waschen und trocken tupfen. Die Beeren vollständig in die Schokolade
tunken, herausnehmen und fest werden lassen.

4. Für die Füllung die kandierten Früchte fein hacken. Die Sahne mit dem
Vanillemark steif schlagen. Die Minze waschen, trocken tupfen und fein hacken,
3 Spitzen zum Garnieren beiseitelegen. Ricotta und Mascarpone in einer Rührschüssel verrühren, 25 g Zucker einrieseln lassen und darin unter Rühren auflösen.
Die Vanillesahne unterheben, die kandierten Früchte dazugeben und die Füllung
mit Zucker, Minze, Limettenschale und -saft abschmecken.

5. Je 3 Biskuittaler auf Tellern abwechselnd mit der Ricottafüllung aufeinan-
derschichten, bis ein dreistöckiges Türmchen entstanden ist – dabei mit einer
Biskuitschicht abschließen. Die Törtchen mit den Schokofrüchten krönen und mit
Orangenzesten und je 1 Minzespitze toppen.

**Für die Biskuit-
bomben**
8 Eier
½ TL Vanillemark
1 TL Backpulver
40 ml Rum
3 kleine Becher
Macadamia-Eis
(à ca. 100 g)

Für die Beeren
200 g gemischte
Beeren
50 ml Cassis
(Likör aus schwarzen
Johannisbeeren)
3 Minzespitzen

Und sonst noch
Zucker, Mehl
Flambierbrenner

Bombe Surprise

mit Cassis-Beeren und Rumsauce

1. Für den Biskuit den Backofen auf 200 °C (Ober- und Unterhitze) vorheizen. Ein Backblech mit Backpapier auslegen. 4 Eier mit 100 g Zucker mit den Quirlen des Handrührgeräts sehr schaumig aufschlagen. 100 g Mehl mit Vanillemark und Backpulver darübersieben und mit einem Teigschaber unterheben. Die Masse auf dem Blech gleichmäßig verstreichen und im Ofen (Mitte) etwa 10 Minuten hell backen. Herausnehmen und abkühlen lassen.

2. Die Beeren verlesen, waschen und trocken tupfen. In einer Pfanne 2 EL Zucker leicht karamellisieren und mit dem Cassis ablöschen. Die Beeren hinzu-fügen und darin warm ziehen lassen.

3. Die übrigen Eier inzwischen trennen. Die Eiweiße steif schlagen, dabei nach und nach 50 g Zucker einrieseln lassen. Die Eigelbe mit dem Rum in einer Edelstahlschüssel über dem heißen Wasserbad mit einem Schneebesen solange schaumig aufschlagen, bis ein luftiger Schaum entstanden ist (4–5 Minuten; Achtung, die Eigelbe dürfen nicht zu heiß werden, sonst gerinnen sie!).

4. Aus der Biskuitplatte 3 Kreise (ca. 10 cm Durchmesser; Rest anderweitig verwenden) ausstechen, auf Teller setzen und jeweils 1 Eisportion daraufstürzen. Das Baiser mit Hilfe eines Spritzbeutels mit Sterntülle als üppige Haube rund-um auf die Eisportionen spritzen und mit einem Flambierbrenner goldbraun karamellisieren. Die Cassis-Beeren darum herum verteilen, mit der Rumsauce beträufeln und mit Minze garnieren.

Mario Barth macht Schmarrn

Lange haben wir versucht, Mario Barth in unsere Sendung zu bekommen. Immer hat er gezögert, aber irgendwann hatten wir ihn dann endlich soweit. Das hat mich persönlich sehr gefreut, weil ich schon ein paar Mal in seiner Sendung zu Gast war und dachte: Mensch, jetzt komm doch auch mal zu mir.

Drei Wochen vor der Aufzeichnung klingelte mein Telefon und Mario war dran. Wir kurz geschnackt, dann kam er auf die Sendung zu sprechen: „Was soll ich da eigentlich kochen, ich soll das Dessert machen." Und ich zurück: „Wie, was sollst du kochen? Das macht ja wenig Sinn, wenn ich dir das vorschlage." Wir hin und her diskutiert, und ich meinte schließlich: „Mach halt irgendwas Süßes, Kaiserschmarrn oder so."

Drei Wochen später stehen wir uns zum Dessert-Gang gegenüber und Ruth sagt: „So Steffen, jetzt geht's gegen Mario ins Dessert", und zieht die Karte, auf der sein Gericht stand. Dreimal dürft Ihr raten, was. Ich hab ihn völlig ungläubig angeguckt und er grinste nur frech zu mir rüber – am Ende hab ich dann den Gang gewonnen.

Waffel-Cannoli

mit Erdbeerfüllung

1. Für die Waffel-Cannoli die Eier mit 2 EL Zucker und Vanillezucker aufschlagen. 100 g Mehl hineinsieben und mit der Milch unterrühren. Den Teig kurz quellen lassen.

2. Für die Cassis-Sauce in einer Pfanne 3 EL Zucker karamellisieren. Mit Rotwein und Cassis ablöschen, den Sternanis dazugeben und alles sämig einköcheln lassen. Beiseitestellen.

3. Für die Füllung die Erdbeeren putzen, waschen und eine Hälfte in dünne Scheiben schneiden. Die übrigen Erdbeeren mit 2 EL Zucker im Standmixer oder in einem hohen Rührbecher mit dem Stabmixer grob pürieren. 6 EL Erdbeerpüree beiseitestellen, den Rest mit Joghurt und Mascarpone mischen.

4. Aus dem Teig in einem Hörnchen- oder Waffeleisen 3 Waffeln backen und jeweils sofort zu einem Hörnchen aufrollen. Dabei nach Wunsch die Ränder begradigen, sodass schöne Kreise entstehen.

5. Die Waffel-Cannoli jeweils mit Erdbeeren und Joghurtcreme füllen. Auf jeden Teller 1 Cannolo setzen, mit Cassissauce bedecken und mit Erdbeerpüree beträufeln. Mit Minze garnieren und mit Puderzucker bestäuben.

Zutaten

Für 3 Personen
Zubereitungszeit
45 Minuten

Für die Cannoli
3 Eier
1 EL Vanillezucker
50 ml Milch

Für die Sauce
100 ml Rotwein
100 ml Cassis
(Likör aus schwarzen Johannisbeeren)
1 Sternanis

Für die Füllung
200 g Erdbeeren
100 g Sahnejoghurt
75 g Mascarpone
2 Stängel Minze

Und sonst noch
Zucker
Mehl
Puderzucker
Flambierbrenner

Reiche Ritter

mit Feigenkompott

1. Für die Feigen in einem Topf 50 g Zucker karamellisieren. Die Hälfte des Vanillemarks zum Karamell geben, mit Wein ablöschen. Sternanis und Portwein hinzufügen. Alles bei starker Hitze 5 Minuten einköcheln lassen und mit Orangenschale und -saft und 1 Prise Zimtblüten aromatisieren. 2 Feigen waschen, 3 Scheiben aus der Mitte von 1 Feige herausschneiden und beiseitelegen. Den Rest achteln und zur Rotweinsauce geben, noch etwa 3 Minuten ziehen lassen. Den Sternanis entfernen, das Kompott grob pürieren und nochmals abschmecken.

2. Für die Reichen Ritter die Eier trennen. Die Eiweiße mit 1 Prise Salz steif schlagen. Die Eigelbe mit übrigem Vanillemark von den Feigen, 1 TL Zucker und der Sahne verrühren. Den Eischnee unter die Eigelbmasse ziehen und die Weißbrotscheiben darin eintauchen. Die restliche Feige waschen, in dünne Scheiben schneiden und auf die Weißbrotschnitten verteilen.

3. Die Brotscheiben in einer Pfanne in reichlich Butter ausbacken. Dabei die restliche Eiermasse darüber und darum herumlaufen lassen. Die Brotscheiben zuletzt auf die Feigenseite drehen, mit Zimt und Puderzucker bestreuen und leicht karamellisieren lassen.

4. Die Mandelblättchen in einer Pfanne ohne Fett bei mittlerer Hitze goldbraun rösten. Herausnehmen und abkühlen lassen. Die beiseitegelegten Feigenscheiben mit dem braunen Zucker bestreuen und mit dem Flambierbrenner karamellisieren.

5. Auf Tellern das Feigenkompott anrichten. Die Ritter danebenlegen und mit Puderzucker bestäuben. Jeweils mit 1 karamellisierten Feigenscheibe und 1 Minzespitze toppen. Zuletzt die Mandelblättchen darüberstreuen.

Zutaten

Für 3 Personen
Zubereitungszeit
35 Minuten

Für die Feigen
Mark von 1 Vanilleschote
100 ml Rotwein
1 Sternanis
50 ml Portwein
abgeriebene Schale und Saft von
1 Bio-Orange
gemahlene Zimtblüten
3 Feigen
2 EL brauner Zucker

Für die Reichen Ritter
2 Eier, 50 g Sahne
3 Scheiben Weißbrot
gemahlener Zimt
25 g Mandelblättchen
3 Minzespitzen

Und sonst noch
Zucker, Salz, Butter
Puderzucker,
Flambierbrenner

Crêpes mit Blaubeerfüllung

und Zwetschgenkompott

1. Für die Zwetschgen in einem Topf den braunen Zucker karamellisieren. Die Zwetschgen waschen, vierteln und entsteinen. Mit Zimt, Sternanis und Orangenscheibe zum Karamell geben und mit dem Wein aufgießen. Alles offen bei mittlerer Hitze etwa 5 Minuten köcheln lassen, danach beiseitestellen und Sternanis und Orangenscheibe wieder entfernen.

2. Für die Crêpes die Eier mit der Milch verrühren und 2 EL Zucker einrieseln lassen. Das Vanillemark dazugeben und 100 g gesiebtes Mehl glatt unterrühren. Eine Pfanne mit etwas Öl einstreichen und aus dem Teig darin nacheinander 3 Crêpes hell ausbacken. Herausnehmen und abkühlen lassen.

3. Für die Creme die Blaubeeren verlesen, waschen und trocken tupfen. Die Sahne steif schlagen. Mascarpone mit 1,5 EL Zucker aufschlagen, dann nacheinander die Schlagsahne und die Blaubeeren unterheben.

4. Die Crêpes mit der Mascarponecreme füllen und aufrollen. Mit Weißwein bestreichen, mit je 1,5 EL Zucker bestreuen und mit dem Flambierbrenner karamellisieren. Auf große Teller je 1 aufgeschnittenes Crêpe-Röllchen setzen und das Kompott daneben verteilen. Mit Puderzucker und Minze toppen.

Zutaten

Für 3 Personen
Zubereitungszeit
35 Minuten

Für die Zwetschgen
70 g brauner Zucker
200 g Zwetschgen
1/3 TL Zimtpulver
1 Sternanis
1 Bio-Orangenscheibe
(ca. 1 cm dick)
50 ml Rotwein

Für die Crêpes
2 Eier
100 ml Milch
Mark von 1/2 Vanilleschote

Für die Creme
100 g Blaubeeren
50 g Sahne
100 g Mascarpone
3 Minzespitzen

Und sonst noch
Zucker, Mehl
Pflanzenöl
Puderzucker
Flambierbrenner

Für 3 Personen
Zubereitungszeit
1 Stunde

Für die Klößchen
250 ml Milch
75 g Hartweizengrieß
⅓ Bund Rosmarin
2 Eier, Schalenstücke
von 1 Bio-Orange
5 Sternanis
1 Vanilleschote
50 g Panko-Mehl

Für die Vanillesauce
100 g Sahne
100 ml Milch
1 Vanilleschote
3 Eigelbe

Für das Kompott
Mark von 1 Vanille-
schote
Schalenstücke und
Saft von 1 Bio-Zitrone
1 Sternanis
100 ml Portwein
1 EL Speisestärke
1 EL Balsamicoessig
1 Stange Rhabarber
200 g Erdbeeren
100 g Blaubeeren
20 ml Orangenlikör
(z. B. Grand Marnier)

Und sonst noch
Zucker, Butter, Salz
Puderzucker

Rosmaringrieß-klößchen

mit Rhabarber und Beeren

1. Für die Klößchen die Milch in einem Topf mit 2 EL Zucker und 2 EL Butter erhitzen. Sobald die Milch kocht, den Grieß unter Rühren einrieseln lassen. Alles kräftig schlagen, während der Grieß anzieht (nicht anbrennen lassen!). Den Grieß-brei in eine Schüssel umfüllen und abkühlen lassen.

2. Für die Vanillesauce die Sahne mit Milch und der halbierten Vanille-schote aufkochen. Die Eigelbe mit 75 g Zucker verquirlen und die heiße Vanille-sahne unter Rühren dazugeben (Vanilleschote wieder entfernen!). Alles zurück in den Topf füllen und einmal unter Rühren aufkochen, dann durch ein Sieb in eine Schüssel geben und warm halten. Währenddessen den Rosmarin waschen, trocken tupfen, fein hacken und mit den Eiern unter den Grießbrei rühren. Als Kochsud in einem breiten Topf 2 l Wasser mit Orangenschalen, Sternanis und auf-geschlitzter Vanilleschote aufsetzen, 100 g Zucker und 1 Prise Salz dazugeben.

3. Für das Kompott 50 g Zucker in einem Topf karamellisieren. Vanillemark, Zitronenschalen und Sternanis hinzufügen, mit Portwein ablöschen und alles noch 5 Minuten köcheln lassen. Die ganzen Gewürze wieder entfernen und die Sauce mit Speisestärke abbinden, einmal aufkochen und vom Herd nehmen, mit dem Essig abschmecken.

4. Den Rhabarber inzwischen putzen, schälen und in kleine Stücke schnei-den. Zur Portweinsauce geben und darin etwa 7 Minuten köcheln lassen, dann vom Herd nehmen und noch etwa 10 Minuten ziehen lassen. Beide Beerensorten verlesen, waschen und trocken tupfen, die Erdbeeren achteln. Beide Beeren zum Rhabarber geben, alles mit Zitronensaft, Likör und Zucker abschmecken.

5. Aus der Grießmasse mit zwei Löffeln 6 Klößchen formen und im heißen, aber nicht kochenden Sud etwa 10 Minuten gar ziehen lassen. Mit einem Schaum-löffel herausheben und abtropfen lassen. Inzwischen in einer Pfanne 50 g Butter zerlassen und den Panko darin unter Wenden rösten. Auf Tellern jeweils etwas Kompott anrichten. Darauf je 2 Knödel setzen und mit Butterbröseln bedecken. Mit der Vanillesauce beträufeln. Nach Belieben mit der Orangenschale aus dem Kochsud garnieren.

Register

Impressum

© 2017 GRÄFE UND UNZER VERLAG GmbH, München

vermarktet durch die IP Deutschland GmbH
© VOX Television 2017

Begleitbuch zur Sendung „Grill den Henssler",
eine Sendung der ITV Studios Germany GmbH

Projektleitung: Alexandra Bauer (textwerk, München)
Lektorat: Claudia Bruckmann, Kathrin Gritschneder (Rezepte)
Korrektorat: Petra Bachmann
Umschlaggestaltung und Innenlayout: Martina Baldauf, herzblut 02 GmbH
Herstellung: Markus Plötz
Satz: Barbara Prasch (textwerk, München)
Reproduktion: Repro Ludwig, Zell am See
Druck: Firmengruppe APPL, Wemding
Bindung: Conzella, Pfarrkirchen
Printed in Germany

Bildnachweis
Cover: Timmo Schreiber Photography
Philipp Rathmer: S. 2/3, 6, 8/9, 12/13, 22/23, 32/33, 40/41, 52/53, 66–69, 82/83,
96/97, 108/109, 122–125, 136/137, 152/153, 162/163, 174/175, 184/185
Foodfotografie: Jan-Peter Westermann, www.westermann-buroh.de
Fotoassistenz: Antine Yzer
Foodstyling: Pio
Foodstyling-Assistenz: Marc Wieberneit
Requisite: Christine Mähler

ISBN 978-3-8338-6272-4
1. Auflage 2017
Die GU-Homepage finden Sie unter www.gu.de

 www.facebook.com/gu.verlag

GRÄFE
UND
UNZER

Ein Unternehmen der
GANSKE VERLAGSGRUPPE